U0678533

思想會
MIND TALK

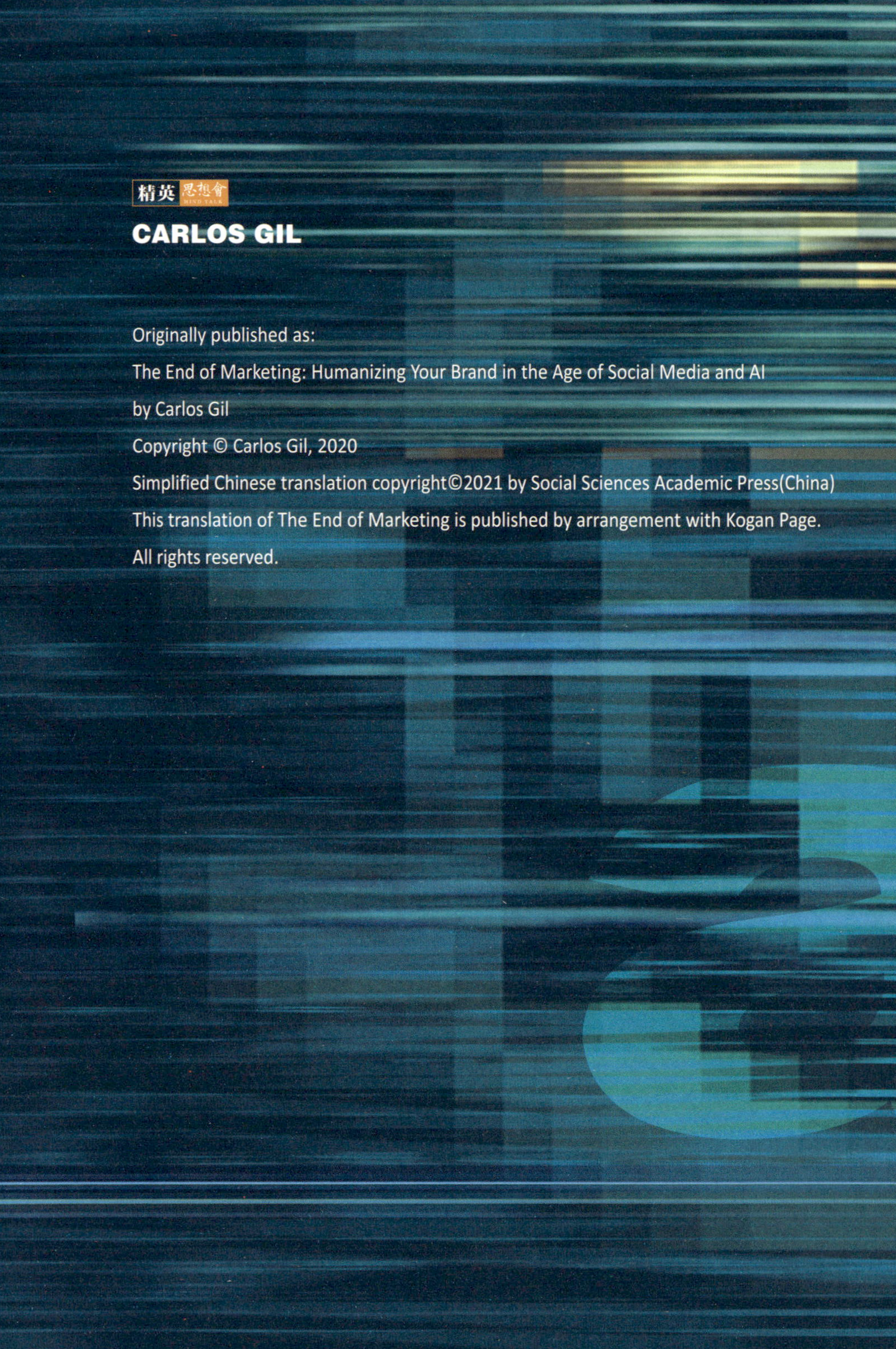

CARLOS GIL

Originally published as:
The End of Marketing: Humanizing Your Brand in the Age of Social Media and AI
by Carlos Gil

营销的终结

社交媒体与人工智能时代的品牌人性化

THE END OF MARKETING

Humanizing Your Brand in the Age of Social Media and AI

〔英〕卡洛斯·吉尔 著

梁若乔 译

SSAP 社会科学文献出版社
SOCIAL SCIENCES ACADEMIC PRESS (CHINA)

目　录

前 言

我们正面对过往的终结，未来的开始

我认识卡洛斯很多年了。我们在网上相识已久，在现实中第一次见面是在位于旧金山推特（Twitter）总部的一楼。促使我们见面的是一场线上活动。我们立即发展出真实世界的友谊，这段友谊一直持续到今天。我很欣赏卡洛斯的干劲，他在参与线上活动时总是言之有物。更重要的是，我越来越欣赏他。这么多年来，与我相交越来越深的卡洛斯是真诚、体贴和充满爱心的，这是人人乐见的特质，但实属罕见。因此当我们发现具有这些特质的人时会倍加珍惜。

我想这些特质是最重要的。

无论在生活中还是工作中，人性至关重要。

在一切有意义和互利的关系中，真诚和体贴都是基础，人们能体会到它们。不管是在虚拟空间里还是在现实世界中，我们的参与和互动都由这个基础来决定。但在虚拟空间里，我们有机会强化这个基础，并使其呈指数级增长。

生活在这个时代，我们无比幸运，得以发展新型的关系和联系。试想一下，我们可以与一般见不着也没听说过的人联系，也可以接近那些之前没有机会知道你的姓名或了解你独特个性的人。更重要的是，我们拥有难以置信的、丰富的新资源以获知新观点并进行非传统的沟通、思考和学习。

社交网络[①]改变了一切。

媒体更注重社交性。信息、关系和影响力都广泛地大众化。忽然间，每个人都可以表达自己的观点，并意外地获得承诺和授权，有机会改变未来。现在每个人都可以使用媒体，在媒体上发布信息，有选择性地与他人交流，无论白天还是夜晚，我们都在这么做，这可能有点夸张。

然而，不是每个人都能认识到这样做的价值。

这些珍贵的资源让有些人更有活力，使他们有能力在新的领域从事之前的工作。他们会发送信息、表达观点，而不是聆听他人的观点，推销而不是学习，在不同的社群吸引受众。

社交网络的潜能仍有待开发。机会仅属于这些人：他们不被自身的历史和过去的成功方法所羁绊，能够从新的角度发现新的机会。

在当今时代，每个人都在成为品牌，而品牌方也在尝试变得人性化。然而，在不知不觉中，我们都在社交媒体（social media）[②]上过多地强调自我，而不是延续和加强人性中社交的特质。

当所有的媒体包括社交媒体变得越来越智能化，我们打破大众惯例，不再强调内容和有限趋势的时代已经到来。我们仍然有大量的数字资源可以利用。

---

① 社交网络包括硬件、软件、服务和应用程序等。——译者注

② 本文的社交媒体指互联网上基于用户关系的内容生产与交换平台。社交媒体是人们用来分享意见、见解、经验和观念的工具和平台，现在主要包括社交网站、微博、微信、博客、论坛、播客等。——译者注

只要有正确的视角、好的意图以及同理心，日益强大的智能平台就可以重点宣传关键人物和观点。具有讽刺意味的是，人工智能（Artificial Intelligence，AI）使我们有机会发掘更多人性中的美好品质。然而，人工智能也有强化陈旧偏见的危险，让媒体变得更加反社会。

所有的一切都因你的行动而改变。你拥有改变世界的力量与潜能。

你目前和未来拥有的天赋不受限于过去的观点、做法和规则，只受想象力、目标和信念控制。

你可以做出选择，从此变得不同。

我确信大多数人将选择已知的道路。这样做的人不会真正地开拓疆土，不会真正地创造价值，也不会建立更有意义的关系。

然而，你面对的未来仍有大片未书写的空白，你此刻所做的决定将让你脱离平凡人生。你的选择将带来新的希望以及出人意料和有益的经历，将有人追随你开拓创新的脚步。

直到现在，我都没有提到营销这个词。不过，从现在开始你即将踏上一段神奇之旅。

在历史上，营销并不是关系的同义词。营销终归与人而不只与科技相关。没错，事情从来就该如此。那么，就由你来开启一个充满光明和希望、以人为本的未来。

多亏你的远见和努力，我们可以将社交媒体中的社交归位，从而，人和人际关系将受益于人巧妙地将新技术、同理心与共同价值结合起来。

这就是终结的意义，它总是为新的道路让路，而这条新的道路是属于你的。我们需要你的程度超乎你的想象，让我们开始这段神奇之旅吧！

布莱恩·索利斯（Brian Solis）

第一章

传统营销方式的终结

我们知道，传统营销方式已经终结。

看到这句话，你可能会说："瞎说，传统营销方式怎么会终结呢？永远不会！"慢着，你先坦诚地问自己一个问题：多久以前，你最后一次看完电视或者线上广告以后，就马上掏出信用卡购买广告里的产品？如果已经时间久远得你都记不起来了，那是因为一则广告就促使你消费的可能性已经消失，并且永远消失了。

然而，我敢打赌，你在近一两年内因受人影响而做过如下事情：

- 你买了一双最喜欢的名人穿过的运动鞋，因为你想让同事或者网友认为你很酷；
- 你在 iTunes 或者 Spotify[①] 下载了一首歌，这首歌你曾经在关注的 Instagram 博主的即时动态里听过，你突然很喜欢听这首歌，因为人们都在听；

---

① Shopify 是由托比亚斯·卢克（Tobias Lütke）创办的加拿大电子商务软件开发商，总部位于加拿大首都渥太华，其提供的服务软件 Shopify 是一个 SaaS（软件服务化）领域的购物车系统，适合跨境电商建立独立站，用户支付一定费用即可用各种主题或模板建立自己的网上商店。——译者注

- 你受到 YouTube 上的油管主影响，去一个热门景区度假。你也告诉其他人，你在那里度过了愉快的时光；
- 不要忘了，你很有可能参加过“十年挑战”“冰桶挑战”“假装模型挑战”，还尝试过生酮饮食（低碳饮食），
001 因为你身边的网友参加过这些挑战。

我说的对吗？如果你做过以上任何一件事，那你就是你就职的公司拼命争取的消费者。这已经不再是营销了，而是利用心理学进行推销，这么做挺有效的。

这叫作错过恐惧（Fear of Missing Out，FOMO），但是今天的消费者希望超越日常生活。数以百万人每天深陷社交媒体，不完全是因为这些人有外向型人格，喜欢与陌生人交往。实际上，人们这么做是为了逃离日常生活，并且受困于朝九晚五的工作、家庭生活和自己的爱好。人们爱看电视真人秀的原因和关注网红①和名人的原因别无二致，都是为了逃避现实。社交媒体不仅让人们互相连接，而且让人们连接上一个平行世界，在那里我们更受欢迎，有更多的朋友，并且我们创作的内容也会传播到自己的社交圈甚至所居住的城市之外。

截至 2019 年 3 月，全世界 56.3% 的人可以上网，也就是说约 43 亿人能进入一个主要存在于电脑和手机的世界（Internet World Stats, 2019）。拥有如此规模的数字社区，今天的互联网并不仅仅是一个购物和做研究的地方。其他的大众媒体（如电视、广播和报纸）的沟通方式主要是从一点到多点，与它们不同，社交媒体自然而然地促成了一种多线程沟通，提供了一个互动空间聊名人八卦和政治议题、评论我们最喜欢的体育赛事或者

---

① 网红（influencer），意为有影响力的人，在中国的社交媒体上一般称为网络红人，简称网红。——译者注

颁奖典礼、评判品牌活动或者像 MeToo[①] 一样的社会运动。

正因为社交媒体让一对一和多对多等形式的交流变得更容易，今天的消费者本能地只关心时下最新的广告活动，特别是朋友们正在谈论的那些活动。这些谈话可能从线上开始，然后发展到线下，这让线上的讨论更加激烈。 002

传播方式已经发生改变，营销方式也必须随之改变。一些专业的市场营销人员对社交媒体持悲观态度的原因在于，他们不能像以前在报纸或者电视上打广告来推销。在社交媒体大发展以前，像耐克公司、可口可乐公司等品牌方不需要费太多力气来说服消费者购买它们的产品，只需要在电视或者杂志上刊登全世界都认识的商标，邀请明星助阵，聘请广告公司拟一句朗朗上口的广告语，然后就等着产品热卖。

今天的营销和广告需要新的思维方式和理解方式，即数字生态是基于真正的交流而不是大众传媒。也就是说，今天的消费者不想被推销，他们想参与营销。企业面临的挑战不再是如何把产品推销给目标消费者，而是把目标消费者变成品牌的拥护者，并让他们带动自己的朋友也成为品牌的拥护者。

好消息是，市场营销人员对这种信息传播方式并不陌生，从本质上来说这种方式和 20 世纪八九十年代的信息传播方式类似，比如青少年在商场向朋友炫耀最新款的衣服和运动鞋，从而鼓励更广泛的群体来购买。

仅靠一个有知名度的商标不再是成交的关键，科技的进步

① MeToo（我也是），是美国女星艾丽莎·米兰诺（Alyssa Milano）等人于 2017 年 10 月针对美国金牌制作人哈维·韦恩斯坦（Harvey Weinstein）性侵多名女星丑闻发起的运动，呼吁所有曾遭受性侵犯的女性说出惨痛经历，并在社交媒体发文，借此引发社会关注。——译者注

让那个年代一去不复返。购物商场的游乐场和美食广场不再是年轻人出去玩的炫酷场所。现在流行的是，在网上组队打堡垒之夜（Fortnite）游戏，像我儿子一样的青少年会不惜刷父母的信用卡来保证自己的角色看起来比朋友的更酷。据堡垒之夜的开发商 Epic Games 透露，这款游戏在 2017~2018 年吸引了超过 1.25 亿游戏玩家（The Fortnite Team, 2018）。然而，如果你在 Twitter 上进行快速检索，会发现很少有公司把品牌标识插入游戏玩家社区的
003 对话中，而这个玩家社区每个月能吸引超过 4000 万人。

如果你就职于像麦当劳、百事可乐或者一个吸引年轻人的公司，要开发这部分目标人群就像在 Twitch（面向视频游戏的实时流媒体视频平台）上开个账号一样简单。公司可以邀请有点名气的网红（在这个例子里是游戏玩家）来操作公司的账号，然后在脸书（Facebook）、Instagram、Twitter 上以及通过电子邮件进行跨渠道宣传。

事情就是这么简单，但到现在还是很少有人这么做。很多公司的高层认为，社交媒体是所有市场营销和广告渠道中的次选甚至是第三级渠道。这种观念实在让人失望。大部分大公司的市场部会聘用十几个受过高等教育、年薪百万的员工，但要是不能充分利用社交媒体的潜力，就无法让员工充分发挥所长。

这种脱节通常是由于我们未能区分市场营销人员和消费者这两种身份。消费者的需求通常与市场营销人员想象的需求有一定差距。与此同时，位于世界某处的 16 岁少年能赚百万月薪，他不需要印刷机，只是利用自己在 Instagram 的表情包账号，也不需要租用任何仓库，只是利用在 Shopify 和亚马逊（Amazon）网店上直运的产品，如 T 恤和营养补给品。

正如我们所知，传统的营销方式已经不适应这个时代，而消

费主义显然还很活跃。人们一如既往地需要货物、产品以及服务。即使汽车实现了自动驾驶，我们仍然需要车辆和交通工具，就像我们仍然需要穿衣出行、见朋友，因为我们不是机器人，而是人。

作为人，我们需要被认可、被需要和被爱。也就是说，企业需要在顾客体验上做得更好，让顾客感受到自己的价值，而这就需要了解顾客是谁以及如何与他们建立联系。

不论是对于服务提供商、跃跃欲试的职场新人还是企业，社交媒体都很容易实现他们与顾客的联系。试想一下，直接登录谷歌（Google），并搜索“查找正在考虑购买 ×× 的顾客”，就能 004
查看实时的搜索结果。还可以试一下在 Twitter 或者 Instagram 上搜索，直接找到理想的受众。

然而，在实施这些策略并充分利用社交媒体之前，我们需要首先明白其背后的原理，这些原理是使社交媒体能如此有效的原因。它们既具挑战，又不易运用。以下就是我想说的原理。

> 人们不再根据产品名气购买产品，而是从众购买。
> 人们基于对他人的信任而购买产品。

当今时代，不管身在何处，只要有一部苹果手机就能影响大众。营销不再专属于亿万体量的大公司。

然而，如果要成功，你必须让人而不是商标来代表品牌。我在十余年间不遗余力地向营销人员宣传社交媒体的影响力，正是基于社交媒体对我个人与职业的意义。

2008 年，由于美国经济下滑，我被银行解雇。虽然我失业了，但社交媒体在帮助我重建事业和无价的人际关系网上起了催化剂的作用。通过社交媒体以及无数浸泡在网上的时间，我学会了如何在经济不景气并且没有市场营销预算的情况下把生意做大。

由于我在那段时间的不懈努力，后来我得以进入包括领英在内的企业，领导新媒体团队，让企业高层认识到，社交媒体营销
005 是不可或缺的。

我尝过没有队友、孤立无援的滋味，更曾经接连遭到拒绝，只因为我的上级并不知道社交媒体的价值，但我知道数据绝不会撒谎。今天你能找到比人类历史上任何时期都多的与消费者行为相关的数据。

让我们把时间快进到现在：每天都有人来向我请教有关社交媒体的问题，不管是在会议现场，还是私下通过 Facebook 的即时通信工具 Messenger，人们想弄明白一些已经存在但一直在不断改进的工具。我的回答总是，首先需要理解一个基本精神：少推销，多倾听，多参与。

我坚信，随着千禧一代[①]和 Z 世代[②]取代婴儿潮一代（Baby Boomers）和 X 世代[③]成为全球消费主义的主要驱动力，如果企业想在下一次工业革命中生存和发展，就需要在数字世界寻找能展现个性的方式。展望未来，可口可乐公司需要一个我能与之产生共鸣的人，一张代表品牌的真实的面孔，说服我购买可口可乐而不是百事可乐。而耐克公司需要一支我和其他人渴望

---

① 千禧一代（Millennials）指出生于 20 世纪时未成年，在跨入 21 世纪（2000 年）以后达到成年年龄的一代人。这代人的成长时期几乎同时和互联网、计算机科学的形成与高速发展时期相吻合。该术语在中国的媒体和社会学上被普遍使用。——译者注

② Z 世代（Generation Z）是美国及欧洲的流行用语，意指在 1995 ~ 2009 年出生的人，又称网络世代、互联网世代，统指受到互联网、即时通信、短信、MP3、智能手机和平板电脑等科技产物影响很大的一代人。——译者注

③ X 世代（Generation X) 指 20 世纪 60 年代到 70 年代初出生的美国人，而这代人有不同程度的不负责任、冷漠等特点。——译者注

加入的运动员队伍。全食超市（Whole Foods）需要一个团队来教我如何做出更好的饮食选择。台达（Delta）需要通过相机镜头向我展示世界。而我家附近的健身房则需要有人指导我锻炼。

事实就是如此，每一名健身达人、美妆博主或者旅游达人都能从你的公司成功地转移营业额。你需要一边临时雇用网红为品牌背书，一边跟他们争夺网络影响力。但是这种模式行不通。

现在的市场情况已经与20世纪90年代的市场情况大不相同。Snoop Dogg（美国说唱歌手）和Dr. Dre（美国说唱歌手、音乐制作人、演员、商人）不会让青少年去Sam Goody商店购买他们的最新CD专辑。Drake（加拿大歌手、词曲作者、演员、商人）通过在Instagram上展现私生活来说服13 ~ 35岁的年轻人下载他的音乐，而在Twitter上可以发现泰勒·斯威夫特（Taylor Swift，美国歌手、演员）
在与粉丝聊天。如果儿时有人告诉我，有一天玩具反斗城（ToysRUs） 006
会关门，而任天堂（Nintendo）会不如随身听（Walkman）的制造商索尼（Sony）受欢迎，我会说，他的脑子一定有问题。

这是一个新的商业秩序。只需回顾一下美国在线公司（AOL）和聚友网（MySpace）的遭遇，你就能明白如果公司没有随着受众一起成长，后果会怎样。

由于科技发展，每位消费者都成了媒体。今天，只要有一部苹果手机和Instagram账号，每个人都可以做网红。有些品牌方及其市场营销人员不完全相信社交媒体的原因之一是：品牌在消费者的眼里不再高高在上。这其实是品牌方与消费者在争夺控制权，但事情本不该如此。品牌方当然无法绝对控制用户评论，但如果品牌方选择参与其中，就可以朝它期望的方向引导舆论。关键是，品牌方应该成为营销活动的一部分，而不是落入营销活动的陷阱。在一定程度上，控制权不再由预算最多的市场营销人员掌握，而是由信息传播最广的人掌握。

品牌方不应该把这些社交媒体视为眼中钉，其实双方也可以成为合作伙伴。现在社交媒体是品牌方不可或缺的合作方。Facebook 是世界上权力最大的企业，或者说世界上权力最大的企业之一。马克·扎克伯格（Mark Zuckerberg）和他的公司改变了我们交流、看新闻和娱乐的方式。社交媒体越来越成为我们生活的一部分，我们无须依赖大众媒体，通过社交媒体就可以得知其他人是如何生活的，让我们得以窥视万千世界的一隅。

好消息是，古老的法则在今天同样适用。从古至今，人际关系一直很重要。但人际关系的建立不能一蹴而就，也不能只依赖品牌活动或者 Facebook 的广告。社交媒体让你能找到谈论你的品牌
007 的顾客，并与他们直接互动。

品牌方需要小心地建立和维护与顾客的关系。重要的是，与用户建立的关系需要双向沟通，否则，会变成品牌方单方面冒着制造网络噪声的风险而强行向顾客推送内容。

在线上与目标顾客交流需要谨记如下原则。

了解你的目标顾客

如果目标顾客是更年轻的一代，他们更有可能活跃在 Instagram、色拉布（Snapchat）[①]、Twitch 和抖音（TikTok）等平台上。但如果你向千禧一代或者更年长的人推销产品，最有可能在 Facebook 上找到他们。你应该多关注你的目标顾客使用的平台。

---

① Snapchat 是由 Snap 公司开发的一款多媒体信息应用程序，主要特点之一是图片和消息通常只能在短时间内被收件人访问，这些内容称为 Snaps 快照，阅后即消失。这款应用程序从最初专注于人与人之间的照片分享，发展到目前以用户的 故事为特色，按时间顺序展示 24 小时的内容，还支持品牌发布广告。——译者注

你会给目标顾客带来什么价值？

你会给目标顾客提供能解决问题的产品或者服务吗？如果会，找到公开谈论该问题的顾客，并与他直接联系。作为消费者，如果我报怨某家公司，而这家公司的竞争对手立即给我提供帮助，我很有可能把订单交给那个竞争对手。每家公司、每个产品或者每项服务都有目标顾客，为满足他们的需求，你需要先了解他们的需求，并与他们直接联系。

谁是你的产品推荐人？

如果你拥有一个服装品牌，并在 Shopify 平台上卖 T 恤，谁
会来买呢？真的，自问一句，谁会买你的产品，他们在线上有什 008
么影响力吗？更进一步的做法是，开始在网上关注你的顾客，观察他们跟哪些人有联系，并与他们联系，以便让他们在各自的社交圈里发挥影响力。如果有人是你的顾客，并且获得良好的购物体验，那么他们马上会成为你的产品推荐人。

谁在目标顾客中有影响力？如何争取他们的支持？

比如说，提起“椰子鞋”（Yeezys），年轻的消费者想到的可不是阿迪达斯，而是坎耶 · 韦斯特（Kanye West）。谁是目前行业里有影响力的人？他们不一定是国际巨星，可能是行业里的意见领袖或者是在社群里拥有重要影响力的当地名人。无论他们是谁，你需要想尽办法与他们联系。社交媒体可以让你直接与他们联系，并引起他们的注意，而不必通过第三方（比如他们的经纪人）来联系。

说起坎耶 · 韦斯特和网红，音乐产业如何从公司品牌到个人

品牌的转变中获益，这值得密切关注。歌曲的流行也与社交媒体密切相关，现在每当一张新专辑发布，Instagram 和 Snapchat 上都会有用户用苹果手机从 iTunes 或者 Spotify 下载并播放歌曲的截屏。在坎耶·韦斯特发布新专辑《Ye》时，他在怀俄明州组织了一个发布新专辑的私人派对，好几位有名的网红出席，并且这种专属的体验只能通过社交媒体获得，这种做法让这张专辑一夜爆红。再次强调，人们渴望参加一场运动或者拥有特别的体验，特
009 别是渴望参与更有影响力的事件。

创造自己的影响力

不只是音乐行业，我们能感受到各行各业网红的影响力。品牌方不仅有极佳的机会与头部网红建立联系，而且不应忽略影响力小一些的人，如员工和顾客。每个人都会对周围的人产生影响，利用网络可以帮助你成倍地扩大影响范围。

再说旅游业，如果在 YouTube 上搜索“最佳度假目的地”，不会出现任何万豪（Marriott）、希尔顿（Hilton）、智游网（Expedia）甚至航空公司的视频，搜索结果中出现的大多是拥有数以百万计浏览量的视频，比如由品牌方雇用的内容创作者录制视频，讲述一次去诸如大溪地波拉波拉岛（Bora Bora）的旅行如何改变他们的生活、改善他们的婚姻状况或者让他们更开心。这种从现实中暂时逃离的情形，正是网红给大众编织的梦。每个品牌方都可以这么做，也应该这么做。事实上，由一名雇员或者顾客来分享他们最佳的度假故事更贴近每一位受众，能使受众更感同身受，也更有说服力。

以上这些例子是真实发生的，足以证明我在本章开头提出的观点：今天的品牌不再由亿万体量的大公司控制，每天都有网红

来引导大众购买产品。社交媒体的妙处正是在于给所有人赋能。然而，如何运用社交媒体赋予的能力是另外一个问题。

2016 年，特朗普成为美国总统。在竞选前夕，他在社交媒体上投放了大量 Facebook 广告。拥有庞大竞选预算的特朗普有能力确保网民除了能看到他的竞选内容以外，还提及他的名字，不管网民的评价是好还是坏，总之比提到他的竞争对手希拉里的次数要多得多。

这是能体现社交媒体影响力的例子。这个例子说明，如果某人在网上的关注者众多，并且他有庞大的广告预算，以及有支持者转发他发布的内容，他就有可能利用同样的社交媒体宣传模式来助力竞选，增加当选的机会。这听起来很吓人，是不是? 010

比社交媒体助力特朗普当选美国总统更让人大开眼界的是，全球赢利最高的品牌（在网络领域）得到的点赞量还不如嘻哈歌手哈立德·穆罕默德·哈立德（DJ Khaled）、真人秀红人金·卡戴珊·韦斯特（Kim Kardashian West，下称金·卡戴珊）和被网民称为金小妹的凯莉·詹娜（Kylie Jenner），甚至还不如一颗蛋。

2019 年，一群没有具名的网红决定联合起来进行一个社会学方面的实验，用以观察多快能操纵人类行为。他们设立了一个 Instagram 账号，名叫 World_Record_Egg（世界纪录之蛋），挑战这个账号里的帖子能否得到最高流量，之前的最高流量纪录由金小妹凯莉·詹娜保持。这个实验成功了，这个账号的帖子有 5000 万点赞量，账号本身也有 900 万粉丝。是的，你可以据此推断，在当今的社交媒体上，一颗不知名的蛋比一般的快消产品（Consumer Panked Goods，CPG）或者品牌更吸引人。

为了佐证这一点，我们来盘点最热门的 Instagram 账号。截至 2019 年 4 月，除了 Instagram 的官方账号以外，关注量多的博主依次为葡萄牙足球运动员克里斯蒂亚诺·罗纳尔多（Cristiano Ronaldo，有 1.63 亿粉丝）、铁肺小天后爱莉安娜·格兰德（Ariana Crande，有 1.52 亿粉丝）、偶像歌手赛琳娜·戈麦斯（Selena Gomez，有 1.49 亿粉丝）、摔跤手巨石（The Rock，有 1.4 亿粉丝）、真人秀红人金·卡戴珊（有 1.36 亿粉丝）、金小妹凯莉·詹娜（有 1.33 亿粉丝）、女歌手碧昂斯（Beyoncé，有 1.27 亿粉丝）、女歌手泰勒·斯威夫特（有 1.16 亿粉丝），而阿根廷足球运动员莱昂内尔·梅西（Lionel Messi）有 1.15 亿粉丝（Trackalytics, 2019）。在 Instagram 上粉丝量最接近的商业品牌分别是国家地理（1.08 亿粉丝）和耐克（8700 万粉丝）。在 Facebook 上，一些品牌也有相当多的粉丝，比如三星（1.59 亿粉丝）和可口可乐（1.07 亿粉丝），但这两个品牌在 Instagram 的粉丝总人数还不足 600 万。可以得出的结论是，人们会涌向类似 Instagram 的社交媒体来了解明星、网红和朋友的生活。

那么，品牌营销难道在社交媒体上注定失败吗？事情并不是这样！很多公司获得了成功，大多数消费者有通过社交媒体购买产品的经历（Avionons, 2018）。

愿意花费时间、金钱和人力来建立社群的品牌方在社交媒体上更具有优势，这早已不是什么秘密。然而，如果想在社交媒体大发展的时代里崭露头角，企业必须改变方法，赋予品牌更多的
011 人格特质。社交媒体只是一种工具，它甚至不是一种策略，而且也不完美。

尽管如此，社交媒体营销仍然充满挑战。因此，很多市场营

销人员会为失败找各种理由。下面是遍布各地工作场所的各种常见的话，反映了当今的市场营销人员每天面临的部分挑战。

> 平台一直在改进。
>
> 没有人知道平台的算法是什么。
>
> 去年还有效的方法，今年就不适用了。
>
> 我有数以万计的粉丝，但是他们并不活跃。
>
> 这不是免费的。

所有的挑战都不好应对。社交媒体是一片待探索的新领域。社交网络蕴含着巨大的商业机会，我们都是消费者，试图在这片“租”用的“土地”上进行交易。我们大可以把 Facebook 想象成一个赌场，没有人比运营方更了解规则，也没有人能够在它的规则里与运营方较量。然而，就像打扑克一样，你可以按规则出牌，只要对手不如你了解规则，也不如你熟练，你就能赢。

我花了好几年才在 21 世纪初期领悟到，个人品牌是一项重要资产，可以为我当时的创业公司带来曝光机会。个人品牌也会带来人际交往和强化个人意识，而人际关系则能带来钱和机会。

如果你读到这里还没有停下来，你运营公司时很可能已经在使用社交媒体。我为你鼓掌，也恳请你仔细考虑，你正在利用社交媒体做什么。

随着社交媒体、线上广告、品牌营销和网红营销不断发展，这些产业并不是直线发展的，可能出现中断和重新开始，市场营销人员的工作绝非易事，但掌握社交媒体营销的模式和了解社交媒体运营系统会对市场营销人员有所帮助。了解顾客在哪里获得信息，你也去那里，成为顾客生活的一部分。以顾客跟他们朋友说话的方式跟顾客对话。他们的 Facebook 好友可能不会说："嗨，史蒂夫，想知道减肥的秘诀是什么吗？点击下面的链接，下载我的减肥五步法程序！"

就像观众一看到广告就换台一样，我们在网上看到疑似广告就会滑过去。也就是说，品牌方像人一样与顾客沟通而不是只知道卖东西，比以往任何时候都重要。

最近几年，我个人遇到的办事最有效的市场营销人员是那些跟随我到不同平台的企业家们，他们知道我的娱乐项目，也了解我的习惯和爱好，他们在等待适当的时机，当我提出类似"我需要减几磅，有什么推荐？"的问题时，他们会给我单独发信息，先让我免费接听 15 分钟的指导电话，然后再劝我付费加入他们的虚拟健身训练营。这不是销售，也不是推销，这就是人们的日常生活，而且，这无法被自动设定。

我遇到的大多数品牌方想拥有所在行业里最大的 Instagram 账号。它们觉得如果没有一个有百万点赞量的 Facebook 主页，它们就没有完成业绩最低标准。但是它们错了。它们不需要成千上万的粉丝就能赢，但它们的确需要重视品牌的粉丝。这和多层次营销没什么两样。

数月以前，我和一名首席营销官（CMO）有过一次对话，她说正在寻找代理机构来激活品牌在 Facebook 上的 3000 万粉丝。
013 我当时并没有给他提供一个激活 3000 万粉丝的计划，因为我知道这是不可能的。反之，我告诉她粉丝活跃度低的几个原因，具体如下：

- Facebook 的能见度是总粉丝人数的 1% 或者更低，这已经少了 2970 万人；

- 余下的 30 万人一般来说也不会真地“看”品牌的内容，更不用说参与品牌的营销活动了，因为该品牌方总是一味推销产品；
- 如果品牌方要激活它期望的三千万粉丝数目，需要花非常多的钱。

我建议她与我的公司合作，只专注于动员总粉丝人数的 0.1%，以找到既关心品牌又有线上影响力的那些粉丝。

我必须诚实地承认，我们没有拿下这个客户，可能是因为我太过直接，也没有在明知不可能的情况下过度承诺，而另外一家公司可能给了那位首席营销官所期待的答案。

总粉丝数为 3000 万，就算是占总粉丝数的 0.1%，也有 3 万名粉丝，这当然比 3000 万粉丝总数和能自然到达以及看到他们的帖子的 30 万粉丝数要少很多。但就算只在那 3 万名粉丝当中，现实地估算，有约 1% 的人不但能看到帖子，而且能积极地参与营销活动，那就只有 300 人而已，而不是 3000 万人。

我们看到了，这个数目只是品牌方的庞大粉丝数的一小部分，这会让大多数品牌方嗤之以鼻。但且听我慢慢道来，如果把 300 人放到一个房间里，你将无法在一小时内和他们同时对话，而且无法与他们进行有意义的对话，因为在现实生活中，300 人实在太多了。

如果说这 300 名 Facebook 用户都关心你的品牌，而你有能力和其中的 1/10 发展真正的关系，也就是说，其中 30 人会成为你的品牌超级粉丝。我们刚刚把 3000 万毫无意义的 Facebook 账户关注者缩减到了 30 名每天都在生活中代表你的品牌的真实的人。

如果现在我跟一名首席营销官说有 30 名品牌拥护者，我认识的首席营销官都不会拒绝。但我们身处一个奇怪的世界。

每隔十年，技术领域都会有变化，会出现一种能让企业发展、规模化、赢利并接触到大众的新媒介。如果想从中获利，你需要知道当前的发展趋势。

如果有人认为 Facebook 给品牌方完成最低目标增加了难度，那么他应该看看上文。这当中唯一的数字游戏在于，品牌方选择相信的是真正的粉丝数，还是一个随机、虚荣的衡量标准。我的同事们质疑社交媒体的威力，因为他们没有得到想要的社交媒体热度，对此，我心中窃喜，这代表着社交媒体还有大量的市场份额，留给可以激活用户参与度的人。

如果像我这样高中辍学、没有读一个营销类 MBA 的人，都可以在大多数企业还没认识到社交媒体重要性的时候就搞明白社交媒体的运作模式并创业，那你也可以。这并不难，你不需要掌握像造火箭那种高精尖的技术，但其背后确实有科学原则，而我将把这些教给你。如果你理解了社交媒体的运作模式和发展趋势，那么没有什么能难倒你。

有很多商业书和资源会教授网络营销和打造个人品牌的基本原则。我在书中不会重复已经讲过的内容，而只想给你一些指导，让你在未来的生意场上立足或者保住工作。

这本书的目的不是让你成为一名更好的市场营销人员，而是让你以技术为推动力建立大量人际关系以增加竞争力，发展成为一名更优秀的企业家。

掌握社交媒体营销的关键在于遵守老规则、使用新工具。在过去，人际关系是人们在喝酒和打高尔夫球中建立和加深的。今天，Facebook 就是酒店的大堂，Twitter 就是高尔夫球场。我们也知道，传统营销已经终结。

我们唯一的选择是，要么改变，要么消失。如果选择改变， 015
那么就要学习周围每一位成功的网红都在采用的剧本。在此之
前，我们如同在广阔的社交媒体的数字海洋里游泳，希望找到自
己的方向。 016

第二章
在数字海洋搁浅

互联网是一片喧嚣之地，当像 Facebook 和 Google 一样的公司对我们消费数字内容以及通信方式的把控越来越强，互联网只可能变得更加喧闹。

随着流媒体公司葫芦网（Hulu）、网飞（Netflix）以及亚马逊网购兴起，作为消费者我们很快对那些智能科技产生依赖，并被迫全天在线。这跟 20 世纪 90 年代和 21 世纪初期的网络时代截然不同，那时，我们可以在不上网时做其他事。但今天，这些和社交媒体共同兴起的服务让智能科技变成日常生活的一部分。世界各地——即使是最偏远的地方——联系也日益紧密。

在促进世界的联系方面，互联网公司发挥着直接作用。比如，2018 年 Facebook 举办 F8 年会时，我坐在观众席里，惊讶地得知该公司计划将 Wi-Fi 引入全球更多地区。在撰写本文时，Facebook 已与互联网服务供应商和移动网络运营商合作，将其产品 Express Wi-Fi 推向印度、印度尼西亚和肯尼亚等八个国家（Facebook Express Wi-Fi，2019）。如果 Facebook 能像为我家提供上网服务的公共设施公司那样运营，难道 Facebook Watch 不能取代有线电视吗？如果我的苹果手机能一直上网，我可以使用

WhatsApp 或 Messenger 打电话和收发短信，那么它们是否可以代
017 替我的手机通信运营商？更重要的是，如果它们能不受限制地访问我正在与他人谈论的内容以及在线搜索的内容，那么它们能不能利用这些数据向我投放定制广告？

答案是肯定的，它们可以，在一定程度上，它们正在这么做。

就在那次年会上，我通过 Facebook 的 Oculus 技术第一次体验了虚拟现实（Virtual Reality，VR）社交媒体。我完全沉浸在这样的环境里，不仅能够与其他用户互动和登录 Facebook Live（Facebook 的视频直播产品），而且可以变成卡通人物的虚拟化身自拍。想象一下我们生活在这样的世界里：网上的你可以不是真实的自己，而是一个虚拟化身，你还可以根据自己的喜好来设计这个虚拟化身。

现实和虚拟现实的界限越来越模糊。最终，马克 · 扎克伯格将实现他的目标——“使世界更紧密地联结在一起”（Zuckerberg，2017），这已经在许多方面实现了。从数字上看，截至 2019 年 3 月，世界有约 77.2 亿人（Internet World Stats，2019）。截至 2019 年 3 月 31 日，Facebook 上每月有 23.8 亿活跃用户（Facebook，2019）。

然而，万一 Facebook 在征服世界之外还有更多你我未知的潜力尚未开发呢？我完全不是一个阴谋论者，我尽量客观地看待世界，但总是感觉力所不逮。许多市场营销人员和大众在使用社交媒体时，也总是不经意间就落入只考虑现状的陷阱。

你可能会问自己以下几个问题：

- 我如何达到销售目标？
- 我怎么实现公司设定的关键绩效指标（KPI）？
- 我如何提高客户的活跃度？

这些短期问题的答案显然对于每一个想成功的人来说都很重要。然而，你必须经常扪心自问的其实是一个长焦镜头式的简单问题：我怎么才能不被社交媒体的时代淘汰？ 018

问题的答案就是：创造你的品牌的独特性。在社交媒体的数字海洋里，有太多的品牌和个人不断地让社交媒体的内容超载，因而你需要找到一个突出自己品牌特色的方式。尽管你可能会看到，很多 17 岁孩子的影响力比他们租用的法拉利品牌的影响力还大，YouTube 上一些化妆师的粉丝量比 MAC 化妆品的粉丝量还要多，而实际上，在社交媒体上脱颖而出并不容易，尤其是对于品牌来说。所有的品牌方都在竞争，试图争取消费者有限的时间和注意力。

时间的考验使品牌在社交媒体上脱颖而出变得尤为困难。很少有帖子会在社交媒体上留存很久。事实上，一个帖子在社交媒体上的生命周期平均只有几秒钟或几分钟。如果你的帖子没有得到即时的回应，那就相当于你从未发表过这个帖子。然而，有各种各样的方法可以延长一个帖子的生命周期。比如，以一个人的口吻而不是品牌方的口吻来发帖和发起活动。为了更好地理解这个概念，我们来试着做一个小测试。你在 Instragram 上找两三个最喜欢的品牌，然后从以下角度来分析：

- 品牌方上次发帖是什么时候？
- 品牌方最近的三个帖子分别相隔多久发布？
- 最后一个评论是什么时候发布的？

现在，在 Facebook 上要多久才能在你的首页动态中找到品牌方“自然而然”地出现且没有花钱推广的帖子，再查看一下这个品牌方帖子创建的时间，并和你的首页中的头十条动态进行比较。在 Twitter 上，你也同样这么做。

在进行这个小测试时，你很有可能会发现少数品牌方的帖子能“自然而然”地出现。把这些帖子与个人的帖子以及互动频率做比较，你会发现，人们在一天中的任何时刻都会查看他们的个人账号，经常发帖，每天会登录社交媒体账号看看有没有评论或
019 者跟帖。人们在社交媒体上对话，而品牌方在很多情况下，只是在进行“假社交”。很多品牌方每隔几天才发一次帖子，而且它们发帖的目的经常是推销产品。哪怕品牌方每天发帖，看起来好像也只是它们不得不这么做，比如在 Twitter 上发布一个产品链接，结果就是，品牌方的帖子通常得不到任何回应。

如果你在运营个人品牌，或者代表企业运营品牌，你会越来越有挫败感，因为不论你发什么内容，好像都没有人注意到。实际上，你没有一个社交媒体的人设。如果没有人设，你就只是在制造网络噪声，而且无人回应。不要难过，这样做的人还有很多。作为一名企业家，社交媒体可能让人很费神，而对于一名企业公关人员来说社交媒体营销也不容易掌握。在社交媒体上需要做大量日常运营工作，而且这些工作远比人们想象的复杂。

事实上，不管帖子的内容有多好，你都不能发完之后就

什么都不做。

相反，如果你发布的内容引起特定人群的共鸣和喜爱，他们就会“点赞、评论和转发”你发布的内容。这时，你就应该更深入地参与他们的活动。你必须随时准备做出回应，比如回复评论。

还记得我说过一个帖子在社交媒体上的生命周期平均只有几秒钟或几分钟吗？当你下次登录任何社交媒体平台时，你可以在每次刷新的时候留意一下首页内容的变化，在数秒钟之内，首页内容可能就会完全不同。提高帖子的热度就是你的工具。每次你的帖子有新的评论和跟帖，就会在算法上获得加分，这会让它在首页动态上优先出现，从而会稍微延长帖子的生命周期。

让社交媒体用户参与

很明显，你想让人们在社交媒体上活跃起来。那么，你该怎么做呢？ 020

首先，以我的经验来说，每当我发布一个引人深思的帖子，帖子总会引起人们的关注和评论。帖子要是以问题的形式发出去，关注者会倾向于回复帖子，而不只是一阅而过。比如，你可以这样提问：

- 你最喜欢的社交网络是哪一个？
- 你会推荐哪名平面设计师？
- 你去年做过的最好的投资是什么？
- 你最想看我来创作哪方面内容？
- 哪个品牌在社交媒体上的表现超乎想象？
- 我可以怎样帮助你？
- 你最喜欢哪个表情符号？

这些是非常基础的入门级帖子，主要以文字形式呈现。这些年来，我依靠它们获得了不少简单互动（cheap engagement）的机会，虽然这种互动很简单，但它毕竟能让受众关注和评论帖子。

另一个策略是提供有趣干货（value-tainment），就是给受众提供一些他们之前不知道的事实、数字或者提示，我可以帮助他们在营销或者其他活动中做得更好。我有时也会在 Facebook 群组里的社交媒体大脑群（Social Media Masterminds Group）分享我在 TechCrunch[①] 上读过的有关社交媒体的文章，或者在 Twitter 上和我的粉丝沟通及分享感想。品牌方也可以做同样的事情，对于热搜上的新闻发表评论、分享趣事，比如软件公司发帖说明如何能提高效率，或者对保持工作和生活平衡的讨论发表评论。这些是“有附加值的”帖子或者有趣干货。

关键在于，如果任何一个社交网络的算法发现人们正在与你互动，那么你就会自动被认为具有一定影响力。你是不是真的有
021 影响力无关紧要，你只要掌握这种算法。

现在，让我来分解一下发帖子的策略。我从事社交媒体营销工作，并且拥有一家市场营销代理公司。因此，与业内同行交流对我来说最有利。有时我会使用简短的、主要是文字的、发人深省的帖子来发掘潜在客户，或者收集以后可以通过广告或出售课程来获利的内容的点子。社交始终是最重要的，这是社交媒体最初的目的。

分享完一篇用户激活（engagement bomb）帖子以后，我会马上跟进一个新的以视频或照片为主的帖子，目的是将最终用户

---

① TechCrunch 是一家以发布科技新闻和评论内容为主的网络媒体，并经常提供对创业公司、各种新产品和网站应用的介绍。——译者注

吸引到我的网站或第三方网站（如 YouTube）上。（这里要明确的是，这种直接通过信息共享或对话、提供有价值的信息的策略主要适用于 Twitter、LinkedIn 和 Facebook。在诸如 Instagram 之类的平台上，你不得不发布引人注目的照片或视频。不过，相同的原则也适用于在 Instagram 的字幕中提问让人们评论。）

无论从事哪个行业，如果想吸引更多人，你应该在社交媒体上谈论你的行业、产品或者服务。再次重申，你应该以社交活动的方式来这么做。这意味着你不仅要单纯地发出信息，然后祈祷人们看到，而且要针对不同的目标人群发起对话，使用很多社交平台上提供的私信（DM）功能。

以我为例，自从 2009 年 4 月发出第一条推特以来，我都数不清自己有多少次在发送推特之后，会立刻以私信的方式，向 50 ~ 100 名最亲密的粉丝同时推送帖子，这样我可以在发帖后的最初几分钟，有一个自然的互动小高峰。在 Instagram 上也一样，我建了不同的分享群并在群里发出链接，期待群里的成员点赞或者评论我的帖子。

这些策略可能对你来说有点不适用，会把你拉出舒适圈，但要在喧嚣的数字海洋里脱颖而出，这就是工作的一部分。你要么沉下去，要么游上来。

这种策略一直是我管理社交媒体形象的秘诀。坦率地说，每
个在网络上有点名气的人都在使用 Facebook 广告、互动小组 022
（engagement pod）[①]、水军和虚拟助手来摆脱网络噪声的干扰。但是，有一个事实依然非常明确，即“社群为王，内容为后”，两

① engagement pod 是最近新出现的一个社交网络营销用语，最早在 Instagram 中出现，指用户组成的群组，用户们联合起来互相帮助，提高彼此内容的参与度。——译者注

者缺一不可。如果你渴望在拥挤而嘈杂的社交媒体数字海洋中脱颖而出，那么就不能无所作为。你必须制作真正好的内容，自我推广，然后慢慢建立一个为你推广的粉丝群。

为什么很多品牌方和个人尽管做了很多工作（比如在不同平台每天发帖，发一些好看的内容等），但还是失败了？因为没人注意他们，虽然品牌方有人关注，但是品牌方没有让这些人参与到有意义的对话或关系中。

在数字海洋中，我们每个人都像汤姆·汉克斯（Tom Hanks）在电影《荒岛余生》（*Cast Away*）中的角色，不断对外发出求救信号，这是我经常在主题演示中采用的例子。在这部电影里，汉克斯所扮演的角色大部分时间在寻找方法逃离荒岛，还要想办法填饱肚子。在电影中，他给一个排球取名威尔逊，这是一个虚构角色。虽然汉克斯饰演的角色绞尽脑汁逃离荒岛，但大都没有成功，在影片末尾才最终成功地逃出荒岛。作为市场营销人员，当我们的推文和帖子无人回应或者少有回应时，我们就相当于在跟排球威尔逊对话——自说自话。我们在社交媒体上发出的求救信号一成不变，却祈祷有人会看见并有所回应。让我们一起来改变这种状况吧。

与顾客同在

想让顾客收到你发出的信号，首先，你需要在顾客常用的社交媒体上进行营销。不要试图面面俱到，也不要为了吸引所有人而无处不在，因为你不可能在每一个社交网络上都表现出色。你有
023 可能在某个行业工作，或者能为特定人群提供解决方案或服务，你只需在顾客最常用的一两个社交网络中发力即可。

通过将自己置身于顾客聚集的社交网络上，并从对业务没有帮助的社交网络中脱离出来，你不仅拥有更多的时间，得以更

深入地钻研特定的社交网络，而且在数字海洋的吸引注意力大战中，你的竞争对手数会少很多。

举例来说，如果你的业务是 B2B（Business-to-Business，企业对企业，也称公对公），则不一定非要使用 Instagram、Snapchat 或 Twitter 平台，而必须使用 LinkedIn 和 Facebook。根据你的业务类型，你可以把时间和精力全部投入 LinkedIn，而只在 Facebook 上投放广告。

然而，与这个论点不同的观点是利用你的员工来扩大你的影响力。如果员工能积极参与社交网络平台的活动，并以某些方式充当品牌的代言人，则企业会从多种社交网络中受益。举例来说，如果你的企业有 50 名员工，并且业务形式是 B2B，那么我强烈建议，一方面，使用公司的社交网络，汇集顾客的故事和目标顾客会感兴趣的话题。另一方面，让所有员工作为品牌的代言人在社交网络上全面出击，不论是 Twitter、Facebook、LinkedIn，还是 Instagram，相较于其他企业在各种社交网络上建立官方账号而表现平平而言，这种做法其实更有效。

我会在第八章提供更多的建议。然而，你需要想办法启动一支员工队伍，在更多的社交网络上给企业唱赞歌，这样就算企业只专注于一个社交媒体官方账号，你仍然可以通过员工与顾客联系。在我看来，社交媒体就像是一支交响乐团，我是一名乐手，你也是一名乐手，如果我们各自演奏，我们的乐器的音量有限，每个人演奏的音乐也不怎么美妙。但是如果我们一起演奏，就会形成合力，乐器的音量会变大，我们还能演奏出“交响乐”。试想一下，如果这首“交响乐”由数十名、数百名或数千名员工奏响，并在员工所在的社交网络里回荡，那么它可以帮助你广泛地传播信息。 024

达到这一目标需要花费时间。我曾经与许多品牌方合作并为它们服务，但是很遗憾，很多品牌方只专注于马上获得投资回报

（Return Or Inventment，ROI）。如果这正是你的目标，那么你入错行了。相反，品牌方的重点应该放在与顾客建立长久的线上关系上。同样，如果你不喜欢和人打交道，那么你也入错行了。

这并不是说着眼于建立长期的关系会很容易。我也曾经犯下追求即时结果的错误，也曾不是真正地出于兴趣参与社交媒体互动。我曾在公司里带领团队花费数月为关键的利益相关者制定社交媒体推广方案，这为我们在不同的社交网络里发布或分享内容提供一个大致轮廓。我们制订了一个宏伟计划，在发布日当天推出第一个帖子，并在一个特定的时间内跟进更多的帖子，之后会评估传播效果，向上级领导报告。实际上，我总能在报告里找到闪光点，从没有搞砸过。直到现在，我还是看到很多社交媒体经理会这么做。最后，我会充满热情地向首席营销官报告，我们获得了百万次曝光机会和数以千次互动，其中许多是由机器人计算系统计算或自动进行的，它们会“参与”包含特定话题的帖子的讨论。很多所谓的结果其实是虚假的，只是为了掩盖一个明显的事实：没有人关心，也没有人注意我们发布的帖子。

但是，就像生活中的其他事情一样，随着时间的流逝，你会学习如何自我提高。我在社交媒体行业工作十多年的经验是：我们一直受社交网络影响。这意味着，品牌方需要不断适应新的发展趋势。

举例来说，我坚信如果 Facebook 想让你红，你就会红。但是，平台怎么做出选择呢？是选择你还是选择别人，标准在于你们中谁会让人花更多的时间在平台上。如果你引导用户登录 YouTube 网站，并留在 YouTube 随意浏览，哪怕他们离开了
025 你的个人频道，你也帮助了 Google 的广告商，对于 Google 来说，你就是资源引流的有影响力的人。你有没有想过，为什么一个 YouTube 上的网红，在 Facebook 上却不那么受欢迎呢？而

在 Instagram 上有百万粉丝的网红，在 YouTube 上的粉丝数却少得多。这是因为，对于 Google 来说，最好是把有影响力的人留在自有平台 YouTube，而不是把流量引到对手 Facebook 那里去。对于 Facebook 来说，同样的逻辑也成立。

也就是说，如果专注于把流量从这些社交网络上引流到自己的社交网络，这可能会适得其反。这些社交网络的设计本身不是为了让你的工作变得更轻松，也不是免费帮你发展业务。这意味着，除了要和其他个人和品牌竞争，你还需要对抗各种社交网络的算法，不管你使用哪一种社交网络，社交网络总会设定算法来检测品牌、广告商以及个人发出的营销推广语和垃圾邮件。

如果你想知道如何打败社交网络的算法，就必须创造出独特的、真正的互动方式，而不是直接要求顾客“点赞、评论和转发”帖子，因为 Facebook 可不想免费让你这么做。下次和你的 Facebook 广告客户经理讨论时，仔细地审查并分析“你的市场目标”的下一级目标：无论是增加公司网站的点击次数和你的最新帖子的参与度，还是提升最近上传的视频的观看次数，Facebook 都希望你为结果付费。

如果继续以 2010 年的方式来使用社交媒体，品牌就会失去活力。你必须努力做到与众不同，即使那意味着每天要给数百名顾客发私信以吸引他们的注意力。就像我在本章开头所说的那样，仅仅为了说些什么而发布内容并不会奏效。

分析什么样的内容是有效的

通过自己的公司 Gil Media Co.，我有机会和不同的企业客户
合作，给他们提供业务建议。每当我开始和客户合作，我会花大量 026
时间分析客户的竞争对手发布的内容以及他们公开的可用数据。

你可以在 Facebook、Instagram、Twitter 上免费检索到相关信息，比如竞争对手的状况以及与自身相比，竞争对手的表现如何。如果想更深入了解相关信息，可以运用免费的软件工具，如我常用的 Sprout Social（为小企业提供社交媒体管理工具的公司），可以简化发布内容、查看帖子的情况并对竞争对手进行分析。我最不担心的其实是品牌方的粉丝数量，因为我很清楚，21 世纪初我的客户的社交媒体团队（及其竞争对手的团队）都曾经只关注粉丝数量。事实上，这些粉丝非常不活跃，也不关心品牌方发布的任何内容。

在进行这些初步分析的时候，我会密切留意以下内容。

- 观察在一段时期内客户社群的互动次数：客户的社群是否在特定的日期和时段最为活跃，我们可据此确保客户可以经常在最活跃的时段读到客户发送的内容。
- 观察社群的互动频率最高的内容类型：不管是照片还是视频，我们可据此与客户一起创作更多的同类型内容。
- 观察客户发布帖子的频率将如何影响互动：如果不能确保每天都推送内容，通常会让互动频率直线下降。
- 观察上季度互动频率最高的帖子：分析这些帖子，回复之前错过的来自社群的评论，再次转发，或者稍微转换角度，修改帖子内容，再发一次，让这个话题重新回到首页的动态提要。同样重要的是，尝试找出为什么这些帖子的质量要优于其他帖子。
- 观察社群中哪些客户会经常参与互动：具体来说，我们需要
027 清楚掌握客户的社群特征，以及决定是否与客户直接互动。

我会从以上角度对客户的社群进行分析，然后再以同样的角度来分析客户的竞争对手。如此，我能为客户发现和借鉴更多的

最佳做法，抓住更多的机会。

举例来说，如果竞争对手 A 主要是在 Facebook 上发布简短的、少于 30 秒的视频，借助 Facebook 广告服务（Facebook Ads）能取得较高的点击量和互动频率，那么我建议客户采取相同的办法，但是会改进视频的内容及视觉呈现效果。如果竞争对手 B 的 Instagram 账号互动极少，原因在于客户大量使用的是图片库的照片，那么我鼓励客户完全不用图片库的照片，而用员工或者顾客的生活照。如果竞争对手 C 隔天发一个帖子，但是在不发帖子的那天会让公司的社群管理小组保持与社群的互动，那么我建议客户每天都发新帖子并且和社群大量地互动，以领先竞争对手 C。

分析竞争对手的洞察力是无价的。确实，你的老板和客户需要的是“细节就是魔鬼”式的分析及数据。

只有通过对同领域进行分析，你才会立即洞悉哪些措施起作用，哪些没有起作用。在社交媒体上竞争的好处在于，人们在一个公平的竞争环境中，争夺同一人群的注意力。行业中比你的品牌更具知名度的其他品牌，并不会突然获得专属的工具或别人没有权限的功能。

举例来说，麦当劳、汉堡王和温迪国际快餐连锁销售集团（Wendy's）都在卖芝士汉堡，但是你在社交媒体上关注它们或者从哪家购买产品取决于它们发布信息的内容、地点和时间。同样，像这些品牌一样，你的帖子内容应该好得让顾客希望与朋友分享，这才是成功的关键。麦当劳、汉堡王和 Wendy's 的顾客群都是喜欢吃芝士汉堡的人，并且这些汉堡的口味基本相同，但只有 028
看起来具有独特魅力和趣味的品牌，才会赢得网络市场的份额。

比如，有太多的软件品牌在争夺市场份额，但是像 Adobe 这样的软件品牌在社交媒体上脱颖而出，是因为它们在社交媒体上发布的内容能让受众感同身受。Adobe 会在 Instagram 上分享美丽的野生动植物图片以吸引摄影师用户群，或者在 Facebook 上创建关于技术领域的领导者在采访中谈论人工智能的本地视频，以吸引更关注技术的用户，而不是只会上传不同软件产品的新功能。

> **重要提示**
>
> 说到市场份额，请当心“数字强盗”，他们会把你的关注者从你身边抢走。我把广告定位和社群管理称为“野蛮派管理”，即一些熟练的市场营销人员可以轻松地与品牌关注者联系，比如直接回应对你的帖子发表评论的顾客，或者查看你的关注列表并与他们联系，他们还可以搜索提到你的品牌但你没有联系的顾客，这些为竞争对手提供了介入的机会。

如果你希望公司或品牌在社交媒体中脱颖而出并发展壮大，那么永远不要忽视社交媒体中的“社交”二字。你可以扪心自问：你是要社交，还是要推销？每天我都会收到一群人的骚扰信息，兜售或推销比特币和假粉丝以增加个人可信度。在这种情况下，你需要在自己创建的社群中埋头苦干，因为只有社群才可以帮助你的品牌保持领先地位。这正是被数字海洋淹没的其他人一直尝
029 试却没有解开的谜底。

少一点推销，多一点互动

如果你的年纪足够大，还记得比利 · 梅斯（Billy Mays）在美国《参见电视广告》（*As Seen on TV*）电视购物节目上做的广告，

那么你会理解我想说的话：社交媒体就是新的资讯型广告（the infomercial）。

在互联网，无论你身在何处，都能看到实现梦想或者是坐拥财富的幻象，在 Facebook 上会有人向你兜售定价高得离谱的“独家定制”大师班，或者你会看到泰·洛佩兹（Tai Lopez，美国大型企业投资顾问）教你如何一步步赚到无穷尽的财富。这些不是有价值的内容，而是网络噪声。

品牌方如此急切地卖货，只会扼杀它们在社交媒体进入付费时代之前所积累的好势头。我们可以自问社交媒体的使用体验，如果你不热衷在首页中看到品牌内容，就可以确认这一观点。

我理解销售量对于任何行业来说都是很重要的指标。但我也知道，如果我只用社交媒体作为自我推销或者推广公司业务的平台，没有人会买账。相反，由于过去十年，我利用社交媒体来建立人际关系，不断地创作内容来证明我是这个领域的权威人士，我得以由一名市场营销人员转变为创立自己的市场营销公司的创业者。因此，如果你使用社交媒体的目的是带来更多生意并提高收入的话，那么加入我们吧。我们都是出于同样的目的使用社交媒体，而我们能从社交媒体里得到什么，却因人而异。

无论你是一个试图达成品牌交易的个人品牌，还是一个试图在竞争中脱颖而出的企业，你都必须遵循数字营销的基本礼节和原则，最重要的一条就是“少一点推销，多一点互动”。你必须谨记，所有的“点击量”“阅读量”“曝光量”都只是数字，但是这些数字背后是一个个活生生的人。他们是谁？把了解你的顾客作为目标，向前推进。如果你想建立一支支持你的队伍，首先要让一些顾客和关注者与你直接对话。

所有的社交网络都可以让你接触到顾客和品牌关注者。在

030 我看来，所有的社交网络都一样，没有优劣之分。像我较早前说的，我的建议一直是：与顾客同在。这就是为什么当别人问我“我应该上 Instagram 还是 Snapchat？”时，我总是反问一句：“你的受众在哪个平台？”

你只有找到并建立了你的顾客群，才可以开始考虑销售。销售是一对一的，过去如此，未来也将如此。市场营销人员最大的错误是认为一旦登录社交媒体，立即就会拥有大量顾客，马上就有生意。事实上，人们会像对待电视和广播里的广告一样对待社交网络中的品牌信息，你不应该专注于快速的增加粉丝人数，而应该着力于发展少量的人际关系，最终粉丝人数会慢慢增加。

现在你知道了，帖子的生命周期只有发布后的几秒钟或几分钟。你应该把更多的精力用在对话上，对话的形式包括评论、发私信或者是线下交流。对话与帖子或者制作精良的视频都很不一样，帖子或视频是一次性的，而对话可以无限地进行下去。最重要的是，对话会深入人心，所有在社交媒体上的顾客最初只是想表达自己的观点并与他人联系。

你如何利用这一点使你的品牌受益？先从认可与你互动的人开始，为其他人的内容点赞。人类的情感无法像关键绩效指标一样被衡量，但人类的情感是一种主导性货币。你是愿意拥有成千上万永远不会购买你产品的关注者，还是一个与所有人分享你的产品并推荐你的服务的关注者？你需要让顾客感觉到自己被需要。

每个人在社交媒体上的传播力度和控制能力与品牌方一样，你可以让这一点为你所用。不要因为与顾客对话不会让即时投资回报率飙升就浪费这些机会。潜在的顾客不会在乎你最近的销售
031 额，但他们一定在乎自己的感受。

第三章

如何在社交网络中领先——向兰迪学习

从很小的时候开始，我就是职业摔跤的狂热爱好者。我孩提时代最早的记忆之一是 1991 年发生的一件事。那时我 8 岁，在一个星期六的上午，我在电视机上观看《世界摔跤协会超级明星赛》（*World Wrestling Federation Superstars*），“绿巨人”胡克 · 霍根（Hulk Hogan）被“送葬人”（The Undertaker）和其他反派（heels，该词为摔跤运动的术语）暴揍的镜头让我目瞪口呆。

在那段时间，我的大部分小学同学支持“绿巨人”胡克 · 霍根，他是正派人物。如果当时有 YouTube 的话，他就会是那个时代的杰克 · 保罗（Jake Paul，YouTube 网红）——一个深受小学生喜爱的很有男子气概的男性。那个镜头之所以让我印象深刻，是因为我很少见到正派人物（在摔跤运动中指像“绿巨人”胡克 · 霍根这样的英雄人物）被反派暴揍，甚至还被一群反派暴揍。

随着年龄渐长，我对职业摔跤，也就是世界摔跤协会（WWF）和美国职业摔跤联盟（World Championship Wrestling，WCW）越来越痴迷。我不仅收集了摔跤健将的人物手办和相关的电子游戏，而且让爸妈带我去看了几场现场比赛，我开始分析这个有剧本的娱乐活动的世界。后来，在我十几岁还没学会开车的时候，我的兴趣就从和小伙伴用人物手办玩转移到玩梦幻摔跤和角色扮演，这些是在那个仍然使用美国在线和聊天室的年代里
033 出现的玩法。

今天的年轻一代（Z 世代）无法理解的是，在早期的互联网时代，美国在线的运营方式几乎与当今的社交网络一样。从美国在线网站上听到电脑对你说“欢迎”开始，你的肾上腺素就开始飙升，再看看收件箱中有多少电子邮件（类似现在弹出的第一条通知），你还可以在聊天室中与陌生人聊天（这就是 Twitter 的原始版本），并且使用即时通信工具（Snaps 或私信）进行私人对话。

我所有的中学同学都不知道，13~16 岁，我运营了网上最活跃的摔跤角色扮演联盟之一——梦幻摔跤联盟（Fantasy Wrestling Federation，FWF）。

对于那些想知道梦幻摔跤玩法的人来说，我有必要解释一下，玩家要么创建一个虚拟角色，要么从现实生活中挑选一个现成的职业摔跤手，并以此角色的名义向联盟的所有成员发送邮件。在邮件里，玩家要像在电视上看到的圈内采访一样，写出整段的对话，做自我介绍。玩家的想象力和创造力都至关重要。每周每名玩家都会和联盟里的另一名玩家打比赛，比赛的结果基于双方的邮件预告，并由联盟的专员或者所有者来决定。在那些年里，我做了很多事情，从招募职业摔跤狂热者到组成我的联盟（我们有 30 ~ 40 名参与者，其中约一半人很活跃并积极参与 FWF），到统计每周的比赛结果，再到撰写按月付费阅读的比赛评论。比赛评论的篇幅很长，我相信这是可以理解的。偶尔有人会退出联盟并向整个联盟群发宣布退出的电子邮件。于是，我不得不通过私人即时消息（IM）玩幕后政治，防止其他人也离开。

如果这听起来很混乱的话，那是因为它本来就非常混乱。

然而，事后看来，我对职业摔跤尤其是角色扮演的热情让我
爱上了讲故事和写作。我不仅学会了如何写剧本，而且养成了创
造性思考的习惯。作为一个线上的故事讲述者，我每天都需要运 034
用写剧本的技巧，而它们就是我想在本章教会你的。

今天，世界摔跤协会发展成了世界摔跤娱乐公司（World Wrestling Entertainment，WWE），其关键词为“娱乐”。人们上网和使用社交媒体有两大主要原因：学习和娱乐。大多数品牌并非创立时便具有娱乐性。

我可以坦率地说，如今活跃在网上的公司品牌 99% 很无趣。它们与名人和个人品牌相比，只能退居二线。除了让人感觉无聊以外，企业品牌还缺乏个性。

我当然知道为一个价值十亿美元的公司工作的感觉，你永远处于被严格的审查状态，不得越品牌的雷池一步。但社交媒体就是要有趣和吸引人。

除了必须以某种方式（通常由一个公关团队指导）来进行“网络发言”之外，你需要严格遵守一套呆板的品牌指导方针。你还必须作为一个品牌的形象代表而不是一个人和其他人对话。

人们信任 Yelp① 上的陌生人，去他们推荐的餐厅，在 Facebook 上咨询朋友后决定购买电视机和汽车的种类，这样人们不用费脑筋做决定。人们通过其他人来做出购买产品的决定，而不是受品牌的影响。

---

① Yelp 是美国最大的点评网站，2004 年 Yelp 在旧金山起步，2012 年 3 月 2 日进入纽约证券交易所，股票代码为“YELP”，共发行 715 万股普通股。按照 15 美元的发行价计算，Yelp 融资额为 1.07 亿美元，目前市值为 60 亿美元。——译者注

当你走进一家你最喜欢的家用电子产品商店，想购买一台新电视机时，你很有可能会花时间与那里的推销员交谈、征求意见，即使你已经在网上做过研究，推销员的想法和专业意见仍然很重要。当这些推销员花时间了解到你打算如何使用电视机，他们会给出建议，而你会接受这些建议，而不是相信店里挂出来的最新款电视机的横幅广告。这种对个人推荐的信任，也转移到社交媒体上。比如，人们很大程度上不会发 Twitter 艾特（@）百思买（Best Buy，全球最大的家用电器和电子产品零售集团），以寻求建议，
035 但他们会去社交媒体询问朋友买什么好。

因此，百思买或任何其他消费品牌方应尝试在网上使用店员的形象和专业知识，包括在网上给员工发言权，而不是紧抱着公司基调不放。因为当今的大多数消费者不会在社交媒体上刻意寻找品牌（也就是说，他们不希望被推销），但是品牌方其实可以抛弃原有的销售套话，运营一个专注于社交媒体的娱乐或者教育功能的积极的品牌形象。

由于有剧本的娱乐活动和策划社交媒体内容日程表之间有很多相似之处，我经常将职业摔跤与社交媒体营销进行对比。人们会按照看到的内容来做出选择。同样，职业摔跤中的正派人物和反派就像今天人们热爱或者痛恨的某些线上公众人物。而 20 世纪 90 年代在职业摔跤运动中发生了建立新世界秩序的派系冲突。今天与此相似的事情也出现在社交网络，两个或以上的重量级网红互相协作，最大程度扩大他们的影响范围。

让我们回到 20 世纪 90 年代初期，当时的世界摔跤协会创造出很多不凡的虚构的选手角色，这些角色让小时候的我渐渐迷失在电视节目里，完全看不出这些打斗不是真实的，摔跤手其实都是演员，根据剧本打斗。21 世纪初期的线上品牌也存在类似的

情况。当时社交媒体对于市场营销人员来说是新事物，消费者认为，可以给自己喜欢的品牌方发送消息是一件很有意思的事，而忽略了品牌由人运营的事实。然而，时光荏苒，品牌方开始面临来自内部的压力，以证明社交媒体营销的投资回报是合理的，于是公开向品牌关注者推销以促进销售。这样一来事情就变得无趣了。

目前，就像成年后的我知道职业摔跤其实不是真的一样，大部分消费者明白在社交媒体上，他们最喜欢的品牌账号是由一个人或者一群人来运营。消费者希望看到运营者的个性，而不是只听到有关企业的品牌信息。

在这个每个人都想成为大师、网红或者明星的数字世界里， 036
我们可能把社交媒体看成《英国偶像》（*The X Factor*）或者《英国达人秀》（*Britain's Got Talent*）的线上版。社交媒体就像一场大型的才艺秀，你创作的营销内容需要有影响力，而不仅仅是获得关注。普通人能在线上取得成功的一个原因是，他们能满足并多次满足受众的需求，而且什么都不向他们推销，普通人也因此可以扩大影响力并逐渐在小众群体中取得成功。这种理念听起来很简单，很容易被接受，但是，你看到有哪个品牌方能有效地运用这个理念吗？如果你知道是哪个品牌方，可以在 Twitter 上 @ 我（@CarlosGil83），因为我还真不知道。

作为一名消费者，我每晚的固定节目是打开我的智能电视机，从 YouTube 上搜索我订阅的素人博主，像追剧一样看他们发布的视频。这些视频的内容包罗万象，从呈现迪士尼乐园里已经关闭的游乐设施到呈现被废弃的购物商场，我真的觉得这些内容很有趣并看得入迷。作为营销顾问，我自问：为什么我最喜欢的品牌方不能像这些我最爱的 YouTube 博主那样，创作同样风格的娱乐信息视频或教程？当我开始搜索我最喜欢的品牌时，品牌方创作的营销内容的确像广告一样。这就是为何我经常建议品牌方的市场营销人员，退后一步，分析当下的帖子状态，而不是不假思索地再制作一条在发出后瞬间便消失的 Facebook 帖子。

大多数公司和为它们工作的市场营销人员仍然在以一年或一年半为周期制订计划，但社交媒体的变化如此迅速，每天都上网的社交媒体个人用户实际上比价值十亿的公司更具有比较优势，后者像海龟一样，行动缓慢，却想跟上变化并保持相关性。如果想在社交媒体的竞争中生存并坚持到下一个月，企业和个人就必须保持敏捷性和较强的行动力，而不是过度分析未来的走向。

我不倡导公司都去追逐所有的“闪闪发亮的新鲜事物”，但我支持公司能跟上顾客的脚步，并在每一个新的平台出现时能借势发展。每当一个新的应用程序（App）出现，总有一批好奇的新用户，而新平台上的第一批公司就会受益于这些新用
037 户的注意力。白俄罗斯裔的美国企业家加里·维纳查克（Gary Vaynerchuk）[1] 很形象地称之为“抢地运动”，前提是，公司要尽早使用新平台，并且能够成为第一批使用新平台的公司。

同时，请注意平台变化很快，有一天你也许不再活跃于 Twitter 或 Facebook。但是，你学到的如何建立客户关系和进行内容营销的策略仍然可以在其他平台上应用。比如，当 Vine（一个短视频应用程序）被 Twitter 收购并关闭后，曾经在 Vine 上发展壮大的许多创作者被人们遗忘，但是 Vine 的视频创作原则（简洁而有趣）在今天仍然适用。

明天，也许 Twitch 和抖音会决定对商业品牌开放平台，届时市场上会出现大批成熟的用户，正如当初 Snapchat 一样，一旦品牌方发现它们可以在这里直接联系更年轻的消费者，它们就会蜂

① 加里·维纳查克是一位美国创业家、《纽约时报》最畅销作家、演说家及互联网名人。——译者注

拥而至。同样，如果像 Spotify 和 Amazon 这样的公司也决定加入社交媒体竞争，未来会发生什么？无论如何，你必须心甘情愿地摆脱那些无法带来切实效益的平台，与你的顾客同在。这也是你需要建立一个忠实的关注者社群，并拥有相关信息（比如关注者的电子邮件或电话号码）的原因。

既要讨人喜欢，又要领先

我将借助一直以来喜欢的摔跤手之一，已故的“筋肉人”兰迪·萨维奇（Randy Savage）和我最喜欢的汤姆·汉克斯主演的电影《菲利普斯船长》（*Captain Phillips*）来更好地说明如何在小众群体中战胜竞争对手并获得成功。

虽然在 20 世纪 90 年代初期，大多数与我同龄的孩子是“绿巨人”胡克·霍根的粉丝（“Hulkamaniacs”），但我认为他的黄色和红色摔跤连裤袜很蹩脚，就像今天的内容营销一样乏味。因此，我并不是“绿巨人”胡克·霍根的粉丝。相反，我最钦佩的摔跤手是兰迪·萨维奇。

不管是他经典的一声吼“Oh yeah!”，还是他标志性的入场音 038
乐《威风进行曲》（*Pomp and Circumstance*）（也是所有高中生和大学生毕业时听到的乐曲），兰迪·萨维奇都是他那个时代的创新者，让他能从同辈中真正地脱颖而出。在不同阶段，兰迪·萨维奇的个人形象和角色内涵都在不断变化，这使他的形象保持新鲜感和时尚感。兰迪·萨维奇是冷酷无情的，和同期的其他摔跤手一样，他因为具有强烈的个人风格而拥有一帮犹如邪教弟子一样狂热的粉丝。

毫无疑问，企业要发展线上业务，首先要受人们欢迎，然后他们才会购买企业的产品。内容营销很重要，但更重要的是社群运营。如果没有社群，你只是在自说自话。如果有了社群的支持，你可以请社群成员转发帖子，而社群成员会自豪地把帖子转发给自己的朋友和粉丝。社群的运营远不止回复顾客的问题那么简单。你需要留意在更广阔的数字社群里，所有有关你的品牌、竞争对手和所在行业的评论和内容。

让我们假设，不管你发什么帖子，总有十几个人热情地参与互动。尽管这些人可能影响力有限，但是由他们参与帖子互动，远比你发一个广告或者新帖子来吸引相同的受众更有意义。消费者本能地不喜欢被定向投放广告。实际上，除非帖子的内容是教育性或娱乐性的，否则不会被分享或打开观看。

当十多个关注者在社交网络中分享你的帖子，接下来，假设你的“超级关注者”数目变成了20多个，又从20多个发展到200多个，再从200多个发展到2000多个。如果我告诉你，你可以从竞争对手那里把粉丝数目进一步扩大，你会怎么做？在社交
039 网络中占得先机是成功者和只比平均水平稍高的人的区别。下一节我会讲如何在社交网络中抢占先机。

社交媒体不仅像漫无边际的数字海洋，而且是群雄竞逐的西部世界，懂得聆听是你最重要的竞争优势。

现在，希望你能按我说的做。

> 登录 Twitter 或者 Instagram，键入#你的行业名称（比如，#房地产、#保险、#运动装等），你看到了什么？

在两个社交媒体平台上，你很有可能会发现，很多帖子的内容与自己发布的内容相似。现在，再深入挖掘一下，不管是在企

业账号，还是在个人品牌的帖子里，你都有可能看到一些由开心或者愤怒的消费者发出的跟你的行业有关的内容。

下一步，有趣的事情即将发生。首先你要在深思熟虑之后，做出选择。要与顾客同在，即使这意味着，你在竞争对手的频道里找到这些顾客，并且他们在与竞争对手对话。或者你可以选择什么都不做，向上天祈祷，顾客自己会发现你的产品。如果你更积极地追逐竞争对手的顾客，成功的机会将大增。

你选择的目标群体可能是特定品牌的用户，而该品牌与你的品牌类似，或者具有共同的特征，你使用 Facebook Ads 的服务套餐向这些目标群体发布自己的品牌广告。这样做当然很棒，然而这么做其实只触及皮毛。要想领先竞争对手，你不要顾忌会伤害谁，除了自己公司以外的其他人都不重要。我们在社交媒体上也要谨记这两点：商场如战场，最终比的是谁更受欢迎。

收集所有与品牌相关的信息

我会举 Twitter 和 Instagram 这两个平台的例子，你可以运用诸如 Hootsuite（互随）或者 Sprout Social（萌芽社交）的搜索工具来进行以下检索： 040

@你的品牌+“你的品牌”+#你的品牌

很多品牌方经常只会回复@它的品牌的帖子，但不理会网上只提及（#）品牌的帖子（#品牌的帖子是带品牌话题的帖子）。这绝对是品牌方需要改进的地方。一名怒火中烧的顾客很可能会

在一个帖子里 @ 你的品牌来引起品牌方注意。但如果顾客只是想把品牌的体验告诉一个朋友，而不想让品牌方关注他，顾客可能使用的是 # 你的品牌。我过去曾经与一个客户合作，该客户在 Instagram 上有超过 100 万的帖子带了品牌话题，却从来没有处理这些带品牌话题的帖子。这是大多数品牌方会犯的一个典型错误。很多品牌方对此会老实承认，它们是因为人手不足，无力一一回复。发一个帖子让人们来访问公司网站属于低价值行为。品牌方应该优先处理带品牌话题的帖子。

收集所有与品牌竞争对手相关的信息

除了收集自身的品牌信息以外，我鼓励你同时收集提到竞争对手的相关帖子，可参考以下的搜索选项：

@ 你的品牌 + @ 你的竞争对手 + “你的品牌” + “你的竞
041 争对手” + # 你的品牌 + # 你的竞争对手

当顾客在同一个帖子里列出你和竞争对手的品牌时，搜索结果其实是一场实时的数字竞赛，看谁先和顾客联系。如果顾客既提到你，也提到竞争对手，那肯定是有原因的，最有可能的是因为你和顾客的关系还不牢固。举例来说，西联汇款（Western Union，世界领先的特快汇款公司）、Zelle（点对点支付工具）和 Venmo（小额支付款项软件）都能提供汇款服务，它们是直接的竞争关系，经常被放在不同的帖子里做比较。

“我奶奶让我去 @Western Union 的站点汇款，但我一个都没有去过，其实可以通过 @Venmo 和 @Zelle 线上操作呀。” @Twitter User, 1:16 pm, 27 May 2018

“Apple Pay、Western Union、Money Gram 和 Zelle，任你选择。” @Twitter User, 8:07 pm，28 May 2018

但这些帖子提及的品牌方都没有回应它们的顾客。在这两个例子中，如果品牌方能做出回应的话，发帖的网友很可能转投其中回应他们的那家。想象一下，作为顾客，当你在社交媒体上提及三家公司，而其中一家愿意提供帮助的时候，你会觉得自己受到了特殊照顾。

搜集你的竞争对手在特殊情境下的信息

除了刚才提到的搜索条件以外，你还应该建立一些搜索提示，尤其是当顾客提到他们对你的竞争对手的感受时。

> @你的竞争对手 +“你的竞争对手”+ # 你的竞争对手 + 关键词，比如“差劲”“讨厌”“不开心”“气疯了”“永远不会再来”“不推荐购买”“喜欢” 042

现在，我们要谈论大多数市场营销人员觉得比较敏感的问题。你已经自身难保，还要去监控直接的竞争对手吗？请记住，社交媒体现在还是个充满竞争的领域，并没有哪一条规则说，你不能和竞争对手的顾客互动。我再举一个例子来说明这点，当事双方分别是美国的连锁超市品牌 Winn-Dixie 及其直接竞争对手 Publix。我为 Winn-Dixie 服务时得知，在百货行业，每家公司都为自家的烘焙部倍感自豪。我在 Twitter 上快速搜索“Publix Winn-Dixie 蛋糕”，出现了好几十个帖子，它们由真正的顾客发布，他们在比较和评论这两个品牌，虽然顾客并没有直接 @ 任何一个品牌。如以下两则帖子。

> “我对我妈失望极了，她给我女儿买的是 Winn-Dixie 蛋糕而不是 Publix 蛋糕！”@Twitter User, 10:35 am，20 October 2018
>
> “我是不是来晚了，你们都抵制 Publix？听着伙计，尽管我绝对讨厌沃尔玛，但不讨厌 Publix 的蛋糕和新鲜水果。我参与抵制了昂贵的星巴克咖啡，但这次我可不来了。如果你们有个 Winn-Dixie 抵制群，拉我进去。”@Twitter User, 5:16 pm，26 May 2018

在这些帖子下面，没有一个品牌方做出回应，它们又一次错过了打造品牌知名度、发展新顾客或者留住老顾客的机会。只要品牌方有一点表示，就更容易获得顾客的美誉。更进一步来说，向那些对自身品牌有所抱怨的顾客或者竞争对手的顾客发送一张购物礼品卡，可以让局面完全不同。然而，品牌方的沉默让这样的机会白白错失。试想一下，如果每次顾客在网上说“我讨厌死（你的竞争对手）了”或者“我再也不会买他们家的产品了”，你会怎么做？如果你不好好利用这些经常出现的机会，那么很明显你错过了许多。

再举一个品牌方毫不犹豫地利用这些机会的例子，那就是Wendy's。它们的处理方式就像摔跤手兰迪·萨维奇一样霸气。2018年，当美国连锁餐厅International House of Pancakes（IHOP）决定把名字改为International House of Burgers（IHOB）时，Wendy's在Twitter上对竞争对手进行公开地嘲讽，成功地抢了IHOP的热度，而让公众的注意力转移到自己身上。它是这么说的：

> "迫不及待地要去那个地方去尝尝IHOB的汉堡，因为他们显然认为煎饼难做了。" @Wendys, 11:26 am，11 June 2018

收集行业相关信息以找到潜在客户

> "你的行业"＋"想买（产品）"，"寻找（产品）的推荐"

在很多情况下，人们会提到的是产品或者服务，而不是自身品牌或者竞争对手的名字。利用上述搜索方式收集行业相关信息，可以增加行业影响力和顾客基数。面对现实吧，每个人都想被看到、听到和认可，不然，人们就不会去社交媒体上发帖子了。所以，不要害羞，直接加入这些谈话。要记住的是，你和品牌方在线上的控制权和访问权是一样的，你也可以搜索和查询。

好消息是，很有可能你周围的其他人现在还不知道这些步骤，直
044 到他们读到这本书。

监控与品牌相关的评论

你在 Facebook 上的评论 + 竞争对手在 Facebook 上的评论

当我为 Winn-Dixie 和 Save-A-Lot（美国折扣连锁超市）工作时，每一个产品差评都让我兴奋不已，因为这是向公众展示我和团队如何珍视顾客的体验以及进一步直接为顾客兑现承诺的机会。大多数品牌方痛恨负面评论，最通常的做法是掩盖负面评论并置之不理。很多社交媒体经理的年度考核指标之一是净推荐值（Net Promoter Score，NPS）。虽然负面评论是品牌方的社交媒体团队无法完全控制的，但只要品牌方有机会直接解决顾客的问题，无疑可以借此改变顾客对品牌的看法。处理一个网上的负面评论的最好方法，如刚才举的有关 Publix 和 Winn-Dixie 蛋糕的例子，就是直面问题，而不是假装问题不存在。只要使用一些关键语句，如“谢谢你”“我们感谢你的惠顾”，品牌方就能够迅速化解网络困境。再让售后团队通过私信与顾客直接对话，同时可以让围观的群众看见品牌方对顾客的关心。试一下这么做吧：去竞争对手的 Facebook 页面，故意寻找那些负面评论，观察对方是否已经回复这些负面评论，如果还没有，这是不是一个展示自己品牌的机会？通过这次机会，你有可能将这名顾客转变为自己的顾客。

与竞争对手的社交媒体广告互动

> 在 Facebook 或者 Instagram 的广告上评论 + 点赞 045

在赢得顾客上，我完全赞同增长黑客（growth hacking）[①] 的做法，而且应该机智地加以应用。当你下一次看到竞争对手的社交媒体广告时，仔细观察一下谁在参与他们的互动。既然竞争对手已经花费大价钱来针对目标顾客发布广告，很有可能在这些广告下互动的人也是你们想花钱接近的顾客。打开他们的页面，看看顾客的资料，并和他们开始互动。很少有品牌方会在自己投放的广告评论区进行回复，这对你来说，正是一道敞开的大门。

值得再次重申的是，如果真想打造一个社群，你应该多花些时间去了解人们如何谈论你的品牌、竞争对手和所在行业，少花一点时间来发帖子。社交媒体可以充当一个潜在顾客和已有顾客的实时来源库。你必须先采取行动，与这些顾客对话，即使你像 Wendy’s 一样，并没有受到邀请。

在第二章里，我谈到了汤姆 · 汉克斯在电影《荒岛余生》中的角色。他被困在远离人类文明的孤岛，我还把今天的社交媒体上的帖子与汉克斯在电影中不断对外发出的求救信号进行对比，

① 增长黑客是指采用低成本的创新营销手段替代传统的营销手段，如使用意见领袖、社群媒体与病毒营销来取代购买电视或报纸广告。这种做法对于初创公司来说尤其普遍，目标是在早期发布阶段，实现用户的快速增长。——译者注

其实很少有人注意到它们。

除了《荒岛余生》之外，我最喜欢的另外一部汤姆·汉克斯主演的电影是《菲利普斯船长》。电影讲述的是一群来自索马里的海盗把汉克斯扮演的菲利普斯劫为人质，在那场著名的劫船戏中，海盗头子对菲利普斯船长说："看看我，现在我才是船长。"每天，你的品牌都被数字强盗们劫持，从社交媒体到同类品牌与一直抢夺你的话语权和市场份额的数字内容创作者。因此，与其谨慎行事，让其他人掌控你的社交媒体大船，不如奋起迎战，你必须成为那个掌舵者，夺回话语权。

改变你的公司在社交媒体上的形象的策略

你可以采取以下策略，来改变你的公司在社交媒体上的
046 形象。

1. 像 Wendy's 一样，使你的品牌具有独特的个性。你的品牌形象可以幽默、诙谐和讽刺，最重要的是要讨人喜欢（记住社交媒体的关键词是"社交"）。随着 Z 世代的兴起，今天的数字内容消费者越来越年轻，因此如果你想向这些消费者靠拢，你的品牌营销必须体现年轻人的文化。虽然 Wendy's 并不是全球第一，甚至不是第二大的汉堡快餐连锁店，但是它时髦、有趣、炫酷的特色让你喜欢上这家公司。像之前的例子一样，Wendy's 既向 IHOP 主动出击，也不怕在线上和麦当劳对峙。你必须做的是，如果你想知道今天的年轻人是怎么聊天的，那么到 UrbanDictionary.com（对一些新兴的单词或俚语解释的在线词典）上学习一下吧，想办法把俚语和年轻人的俏皮话与你要发布的内容结合起来——这就是我的忠告。

2. 无惧"黑粉"。今天的互联网里有很多有负面情绪的人，

他们最想做的就是激怒别人。这些人通常被称为“喷子”或者“黑粉”。如果你想让这些网络上的恶霸们知道谁才是真正的老大，并表明你的品牌是有主张和个性的，那就在下一次“喷子”来袭的时候回击吧。在下面这个例子中，Tesco Mobile（特易购移动通信）回击了取笑自己品牌的“黑粉”，由于对话幽默，它的帖子有接近 2000 次的转发量。这是一个表明你的品牌个性是有趣且有互动性的好例子。

> “我妈不接我电话，最让我不高兴的一点是她的语音信箱提醒我她还在用那个质量超差的 Tesco Mobile。”@Twitter User, 2 July 2016
>
> “不不不，让你不高兴的其实是你妈故意不接你的电话吧。”@tescomobile, 5:58 am，3 July 2016

3. 把你在社交媒体上发布的营销内容想象成一块“数字糖果”，你的受众每天都想再要一块。Taco Bell① 是一个同样面向年轻消费者的品牌，而且多年来在与时俱进方面做得非常出色。和 Wendy’s 一样，Taco Bell 一直是一个创新者，它向市场营销人员展示了如何有效地运用社交媒体。 047

2015 年，Taco Bell 创建了一个 GIF 生成器，你在 Twitter 上把你最喜欢的表情符号（emoji）+ taco emoji 发给 TacoBell，它就会在 Twitter 上回复你一个定制的 GIF。GIF 会让你的内容显得生动活泼，Twitter、Facebook 和 Instagram 都有 Giphy（在线动态 GIF 图片搜索引擎）的集成端口，可以说 Giphy 是 GIF 中的

① Taco Bell（塔可钟）是一家美式墨西哥餐厅。

Google。你可以在你的帖子和回复中利用 GIF 来表达情感，或者也可以添加一两个表情符号。如果你想跳出社交媒体的范畴，甚至可以创建自己的品牌专用的 GIF，并上传到 Giphy。如果被选中，你的品牌信息动图将被社交媒体上的数十亿用户访问。如果在 Giphy.com 上快速搜索 Taco Bell 的账户，你可以看到 Taco Bell 账户下所有的 GIF 在 Giphy 平台上已经创造了共 10 亿多次的浏览量。

4. 除了回击顾客以外，对竞争对手也可以这么做，还可以自嘲。2017 年，Hostess Snacks 在发生日食的那一天发推特，竞争

图1 Taco Bell 实例（Taco Bell, 2015）

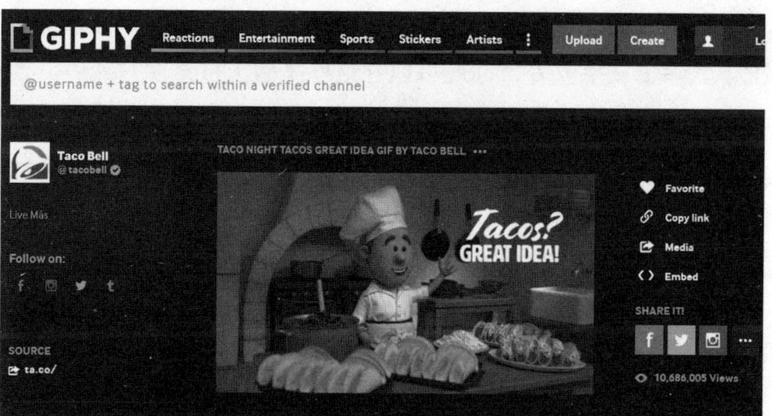

图2　Taco Bell 在Giphy上的浏览量超过10亿次（Giphy, 2019）

（该图片已获得Taco Bell IP Holder, LLC的使用授权。）

对手 MoonPie 的回复简单明了，只有“Lol ok”，在网上的含义类似于“省省吧，老兄”。MoonPie 的这个充满嘲讽的回复带来了近 20 万次的转发量和超过 50 万次的点赞量，这都是踩在 Hostess Snacks 的肩膀上得来的。

另外一个例子来自麦当劳。2017 年的一天，麦当劳的官方推特上出现了一句“黑色星期五 ××× 需要复制这个然后加上链接 ×××”。在发现这个明显的公开失误后，他们幽默地跟着发了一条推文，为自己的咖啡打广告。

> “这就是当你喝第一杯麦咖啡前就发送推文的后果……咖啡是头等大事。”@McDonaldsCorp, 6:48AM, 24 November 2017

5. 当你搜索“你的品牌”，去掉 @ 回复或者 @ 你的品牌的部分，你就可以更了解社群对贵公司的真实评价了。在理想的情况下，除了文字以外，你还可以在这些平台上搜索照片或者其他类型的内容，虽然它们没有直接 @ 你的品牌，但是和贵公司以及产品相关，你值得花时间来回复这些搜索到的结果。Pop-Tarts（一
048 家甜品企业）这么做以后，成功地获得了近 5 万次的帖子转发量，只因为他们与发了产品照片却忘了 @ 或者 # 他们品牌的顾客互动。有一个顾客提到，把 Pop-Tarts 泡在农场沙拉酱里，被 Pop-Tarts 回复“这简直有失体统”。（@PopTartsUS, 3:13 pm，20 November 2017）

我希望，看到这里，你已经了解在网上占得先机会有多大的威力，既然如此，你应该开始在工作上运用这些策略。特别要注意的是认真对待他人的评论。如果你没有认真对待他人的评论的话，那么社交媒体对你又有什么用处呢？

每当我列举这些案例时，总有人对我说：“卡洛斯，如果我
049 的品牌不像 Wendy’s 一样有趣和充满吸引力怎么办？我们的行业管得特别严！”对此，我的回复涉及社交媒体的另一个功能，即教育。

不是所有的品牌都能像 Wendy’s 或者 Taco Bell 以及 Pop-Tarts 那样，也不应该那样。但每个公司都可以输出内容以及与顾客对话，并确保当顾客在谈论他们的公司、竞争对手或者行业的时候，他们可以反馈。

举例来说，Ellevest 是一个投资顾问企业，主要帮助女性进行更好的投资并实现她们的财务目标。这个企业成立于 2014 年，联合创始人和 CEO 是莎莉 · 克劳切克（Sallie Krawcheck），她曾经在世界上最大的金融机构担任重要职务。企业成立后的数年
050 间，已经在社交媒体上聚拢了一个活跃的社交媒体社群，企业的

Instagram 粉丝人数比一些世界上最大的银行或者金融机构还多。Ellevest 能做到这点的主要原因在于，以充满亲和力的方式对核心受众传授金融知识。这家企业以创始人克劳切克为主角拍摄了一系列简短、平易近人的视频，回答从美元走强到产假等热点问题，这些视频既没有推销腔也没有高深的行话。这个公司还创建了一些常规性标签，比如 #FinancialFeministFridays（星期五的金融界女权主义者故事），介绍鼓舞人心的成功女性的故事。这些内容兼具品牌属性和知识性。该企业没有用诸如吹捧新的投资基金或者只谈论自己的平台如何运作的帖子让受众感到无聊至极。

因此，对于所有的品牌来说，营销成功的关键就是在品牌标志和品牌原则的制约下，使品牌应尽可能个性化和像真实的人一样。虽然你受制于社交媒体，但有品牌个性（比如说像兰迪一样），并遵循之前提到的社群管理原则，会帮助你从竞争对手那里抢回市场份额，并让顾客保持对你的关注。

目前来说，网络关注是让你的品牌保持生机的动力。 051

第四章

不要怪 Facebook，你只是不擅长营销

《营销的终结》一书前四分之一的内容你们已经看完了。我邀请你们去我的 Facebook 主页（facebook.com/thecarlosgil）给我发信息，告诉我你们现在的想法。

到目前为止，我们已经介绍了社交媒体营销的现状。对它而言，重要的是人而不是品牌。我们还谈到了进行社交媒体营销的公司犹如在数字海洋中遨游，而那是一片喧嚣之地。在第三章中，我分解了有效挖掘社交媒体的步骤，从倾听别人的意见，到从竞争者手中抢走市场份额，从而抢占市场。

接下来我要讲战术及其优化，我们先从 Facebook 开始讲起。这一章是全书最重要的一章，所以我鼓励你做记录，重点标出我为你破解的步骤，以备未来参考。这一章中分享的材料是我在过去的会议主题演讲中最受欢迎的内容，我确信看完本章后你会成为一个更好的市场营销人员。

在写这一章之前，我回想了 Facebook 出现之前的生活。实话说，那时的压力可小多了，因为我们无须每时每刻分享自己的现状或心情，并寻求陌生人的认可。

2004 年，哈佛大学一个名叫马克·扎克伯格的学生创建了

一个网站，这个网站后来改变了历史。这个名为 Facebook 的社交网站很了不起。我认为创建 Facebook 和发明电灯泡、汽车具有同等重要的意义。与其他互联网先驱如 MySpace 或 AOL 不同的是，Facebook 影响了人类文明，让我们实时地展现个人生活，比如我们在哪里吃饭，我们喜欢做什么，我们去哪里玩或购物，以及我们的网络消费，这些信息全都可以被企业和商家用来向我们进行推销。

自从我于 2009 年注册 Facebook 以来，我在上面分享了众多的生活片段，从失去工作的悲伤时刻到庆祝孩子们的出生。在这段时间里，我分析了 Facebook 对我个人心理的影响：我讨人喜欢吗？为什么没有更多的人和我互动？为什么我只能看见相同的 20 个人的更新内容？为什么我的职业圈子里那些我尊敬和敬佩的人从来不给我点赞？我还在 Facebook 上花过几千美元广告费神奇地治愈了由 Facebook 引起的社交媒体自我焦虑症。我敢打赌，这些大家都经历过。

和大多数市场营销人员一样，我和 Facebook 之间是一种爱恨交织的关系。然而，目前它是我们的生活和工作中不可避免的罪恶。

从 2009 年到 2011 年底，我像利用 LinkedIn 或 Twitter 一样把 Facebook 作为营销渠道，来发展我当时的创业公司 JobsDirectUSA（一个在线招聘网站）。作为一个缺乏经验的科技创业者，我取得成功的一个重要原因是先在 LinkedIn 上与专业领域的同事和潜在客户建立联系，然后与他们在 Facebook 上成为朋友。通过这样做，我现在可以看到这些人在生活中是什么样子，而他们在职业社交网站上通常只有一张照片，往往是一张证件照，这也是职业社交网站的局限性。刚登录 Facebook

的时候，我通过分享我的孩子们的照片和更新我的工作状态，让自己和那些关注我的人看起来更亲近，这个策略为我带来了不少商业机会。其间 Facebook 经历了几次用户界面（User 054
Interface，UI）的调整，增加了一些新功能，比如广告功能。但有关用户需求的功能设置现在依然没变，那就是让用户可以在虚拟空间里点赞，关注你并让他们在主页上看到你更新的个人相关内容和工作状态。这听起来很简单，不是吗？我当时没写博客，也没有个人网站。我的 Facebook 页面就是我的个人网站，更重要的是，我在 Facebook 上写日记。

2012 年 1 月，美国最大的连锁超市之一 Winn-Dixie 聘请我为它有史以来的首位社交媒体经理。当时它还没有任何社交媒体活动，我上任后的第一个任务就是在 30 天内创建公司的 Facebook 主页。老实说，当时我并没有任何策略，也没有团队或广告预算。我给公司创建 Facebook 主页的唯一理由就是：我们的竞争对手已经这么做了。因此，我们也要这么做。如果你现在为一家公司工作，而该公司的 Facebook 主页是在 2010 年建立的，在上面该公司几乎没有与顾客互动，那很有可能你就遇到了我接下来要讲的这些麻烦。

为企业创立一个社交媒体账号是一项困难的工作。早期，社交媒体经理们会在公司内部遇到多方质疑。这些质疑主要来自公关团队和代理机构，他们都害怕社交媒体账号使公司容易遭到顾客和批评人士攻击。而且，人力资源部门也担心满腹怨言的同事会在 Facebook 上泄愤。

我在 Winn-Dixie 工作时，设立了一个 Facebook 个人资料页和 Twitter 账号，叫 Winn-Dixie Carlos（现在仍很活跃）。我每天都很辛苦，但我最终获得了传播副总裁（我当时的直属上司）

和首席营销官的支持，公司由此正式进入了赛道。我们做的第一件事是向数以千计的内部员工宣告，我们开通了 Facebook 账号，积累了首批粉丝。我的一部分工作是在公司内部宣传社交媒体，因此我说服了上司定制印着“在 Facebook 关注 Winn-Dixie 和网址”字样的衬衫，并在某天的午餐时间把它们派发给总部的 800 名员工。此外，我们还向全部 1000 多家门店派
055 发了传单，我们在 Facebook 上的页面点赞量开始多了起来。

通过与代理商负责人尼克 · 西塞罗（Nick Cicero）合作，我们确定了以赠品和促销活动为中心的获得新用户的策略。大约在 2012 年，Facebook 上的促销活动随处可见（比如，“点赞我们的页面就有机会赢取奖品”），目的是获得快速、廉价的“赞”。但问题是：像很多品牌一样，我们这样获得的粉丝对我们在社交媒体上发布的内容不感兴趣，也不想加入我们的社群。他们只想拿到奖品。随着时间的推移，我们与百事可乐和可口可乐等大型快消品牌合作，奖品更多。在两年内，我们送出了很多奖品，从一年的免费食品杂货到超级碗门票，甚至还有一辆福特牌皮卡。我们的账号累计有 10 万 + 的点赞量，似乎足够我写入履历表里炫耀了，在当时，这确实很了不起。但目前的现实情况是，Winn-Dixie 拥有的 24 万多 Facebook 粉丝中，只有一小部分人看了该品牌发布的帖子。据公开的数据分析显示，平均每条普通帖子只有不到 20 人参与互动。

别怪 Facebook，在营销上努把力

以下内容也许会得罪人，但我还是要说——很多市场营销人员其实并不懂营销，也不懂市场，他们在做的只是推广内容。

今天，大多数市场营销人员将他们的困境归咎于 Facebook，抱怨平台的自发阅读率和参与率下降等，但其实他们的业务不济并不能归咎于扎克伯格或者 Facebook 平台。我曾经自认为是一名优秀的市场营销人员，其实我当时并不是。我只关心那些可以到处夸耀的数字，而事实上，这些数字对于增加品牌价值并没有帮助。

如今，作为一名市场营销人员，需要深刻了解市场营销的运作方式，也就是说要深入了解各大平台的运营规律。这么多年来，我参与行业会议时总感觉很多自诩为营销专家的人其实 056
并不了解社交媒体的运营方式，因为他们并不使用社交媒体。只了解社交媒体平台的皮毛是一回事，利用平台进行营销是另一回事，而知道如何让品牌在社交媒体上赢利则与前两者都不同。

自从 2018 年马克 · 扎克伯格因为剑桥分析公司（Cambridge Analytica）数据丑闻而在美国国会面前作证后，Facebook 就一直处于水深火热之中。而在一个由我运营的 Facebook 社交媒体行业群（名为社交媒体策划群）里，很多同行宣称：Facebook 最终难逃与 AOL 和 MySpace 一样的命运。但我认为这种想法很可笑。

虽然这个平台面临舆论压力，但无论你多么痛恨 Facebook，因为它让品牌更难实现价值，Facebook 仍然不会消失。

Facebook 是强大的营销工具。如果利用得当，它甚至比 Google 还要强大。然而，关键是要知道如何最大限度地利用 Facebook 的免费资源和付费资源，并制定相应的策略。

社交媒体营销机构 Casual Fridays 的创始人兼首席执行官、Tack 的联合创始人、Social Media Day San Diego（圣地亚哥社交媒体日）的执行制片人泰勒·安德森（Tyler Anderson）说："在过去的社交媒体上，人们只是为了创作内容而创作一堆内容。现在，企业和品牌方真的应该从营销的角度来思考。在战略上，当你要利用付费社交媒体产品时，要考虑到付费的营销活动如何与你的总体营销漏斗以及与客户体验相结合。过去，品牌方必须创作所有的内容，现在你创作的内容可以很少，可以比过去减少七成，但运用正确的付费策略，你仍然可以取得
057 比过去创作大量内容时更多的效益。"

了解 Facebook 的算法

Facebook 拥有超过 20 亿月活跃用户（Facebook，2019a），旗下的 Instagram 也拥有 10 亿月活跃用户（Instagram，nd），这让 Facebook 处于社交媒体的核心地位，服务于今天随时随地在线的消费者。无论你的企业是从事 B2B 还是 B2C 业务（Business to Customer，企业对消费者的电子商务），Facebook 都能让市场营销人员有机会接触到真正的买家，这与现有的任何其他社交网站都不一样。然而，Facebook 毕竟是一家公司，品牌方的顾客规模和收入都越来越难实现增长，而且是在免费的情况下。

2018 年初，Facebook 已经公开宣布限制来自品牌方主页的内容，目前已经开始实施这项措施。如今，只有不到 1% 关注品牌方主页的粉丝能看到他们之前点赞过的内容。

虽然击败 Facebook 的算法几乎是不可能的，但了解哪些内容是 Facebook 优先考虑发送给顾客的，就可以有针对性地调整你的社交媒体策略，这一点非常重要。

Facebook 的算法是如何运行的？

根据研究和大量的A/B测试[①]，我总结出以下几类最有可能出现在 Facebook 用户的个人页面动态推送中的帖子。

1. 来自朋友、家人和群组的帖子

来自朋友圈和网络联系人的内容比品牌方的内容优先，这早已不是什么秘密。你也许会问，事情为什么会这样？首先，Facebook 不允许个人针对朋友发布广告，但允许品牌方这么做。2019 年的第一季度，Facebook 的广告收入约 150 亿美元（Facebook, 2019b）。这是笔大生意，这就是为什么现在品牌方免费获得关注。如果你明白这一点，就开始留意 Facebook 群组（Facebook Groups）的内容吧（比如关注我自己运营的社交媒体 058
策划群）。到目前为止，因为群组是一些点对点社群（Peer-to-Peer Groups）[②]，所以它是最后一块可以拿到免费互动资源之地。聪明的品牌方可以设立自己的群组。

---

① A/B 测试为 Web 或 App 的界面或流程制作两个（A/B）或多个（A/B/n）版本，在同一时间维度，分别让成员相同（相似）的访客群组（目标人群）随机访问这些版本，收集各群组的用户体验数据和业务数据，最后分析、评估出最优版本，正式采用。——译者注

② Peer-to-Peer，简称 P2P，又称点对点技术，是无中心服务器、依靠用户群交换信息的互联网体系，它能减少以往网络传输中的节点，以降低资料遗失的风险。与有中心服务器的中央网络系统不同，P2P 的每个用户端既是一个节点，也有服务器的功能，任何一个节点无法直接找到其他节点，必须依靠用户群进行信息交流。——译者注

2. 话题度高的帖子

停止推销，开始社交吧。说真的，我们都知道谁都不喜欢被推销，而更愿意参与互动。因此，首先向社群成员提问，在品牌方的 Facebook 主页开展对话。可以从简单的问题问起，如“周末你们过得怎么样？”然后过渡到“我们的品牌怎样融入你们的生活？”如果在 Facebook 上问一些开放式的问题，你很可能会吸引别人的注意力并让他们发表评论，这就带出了我的下一个提示。

3. 有许多人点赞、评论和转发的帖子

神秘的 Facebook 算法是一种人工智能工具，它可以根据关键词自动检索和过滤内容，还可以进行互动交流。这就是为什么你的目标应设定为发帖后的第一个小时内与其他人尽可能多地互动。这意味着你必须时刻注意，当有人点赞和评论帖子的时候，要在帖子的评论区进行回复，以此向算法表明，这个帖子是活跃的并且与目标受众具有相关性。算法不是高精尖的技术，却把数据分析做到极致。

4. 能让用户留在 Facebook 的帖子

这个提示是针对那些不断尝试从 Facebook 页面上获得免费网站点击量的品牌，以及那些试图利用 Facebook 来吸引潜在新用户进入其频道的 YouTube 创作者。像其他企业一样，Facebook 希
059 望用户尽可能长时间留在平台，因为用户在 Facebook 上逗留的时间越长，Facebook 向用户发送广告的可能性就越大。所以，如果你的帖子让用户离开 Facebook，算法会自动降低你的内容的优先级。我的忠告是，无论在个人还是品牌的页面，停止发布含有链接到外部网站的 YouTube 的视频和博客文章，这样做在 Facebook 看来可以加分。

这一点对于大多数市场营销人员和运营商来说可能很难接

受，因为他们唯一的工作就是通过 Facebook 上的帖子向自己的网站引流并赢利。其实，还可以采取其他方法，比如说，与其把用户引到外部博客，不如试一下利用 Facebook Notes① 来发表内容，利用这个目前还少有人用的新功能，你可以在 Facebook 系统内部分享博客内容。你可以用这种形式来树立自己作为思想领袖的地位。或者，如果你有一家电子商店，想赢利的话，试一下使用 Facebook 内置的 Shopify 工具和可以从个人主页直接卖东西的电商工具，这样你也可以直接在个人页面上销售商品。

5. 上传本地视频

在满足用户的社交网络以及媒体需求方面，Facebook 正在与 YouTube 正面对决。Facebook 现在有一个 Facebook Watch。不论是个人品牌、创意人员还是商业机构，都可以用它创作时长短和吸引人的视频，讲述自己的行业或个人故事，以吸引用户留在平台观看。要注意的是，几乎每个用户都会快速地浏览他们的动态推送，因此视频除了应该有一个专门设计的封面图来吸引人们之外，还要在最初的几秒钟内成功地吸引最终用户。

上传本地视频，而不是让用户登录 YouTube，这样可以帮助你在 Facebook 上留住用户。你可以通过查看历史记录进行数据分析。数据是关键的指标，可以用来做广告。

6. 实时教程和会议主旨演讲等实时视频

如果你从事的是 B2B 行业，你很有可能会从事以下几类活
动：针对潜在的客户群推出技术白皮书，出席行业会议或展览并 060
发言，与合作机构或者客户开会。你可以利用 Facebook Live 的实

① Facebook Notes 是个人资料页面里一个最新的功能，有点类似 QQ 空间里的日志版块，用户可以在里面写长文章，先添加一个封面图片，然后就可以和别人分享自己的文章。——译者注

时直播平台完成这些活动。这个平台可以实现实时问答，并让客户获得专属体验。下次当你要发布白皮书的时候，可以考虑使用 Facebook Live，尝试先用电子邮件提醒和邀请已有客户以及潜在客户参会，并进行实时问答。

当我在 BMC 软件公司（美国领先的云计算和 IT 管理解决方案提供商）运营社交媒体的时候，以及后来我自己的公司（Gil Media Co.）与 DocuSign（美国电子签名平台）合作时，我们都曾利用 Facebook Live 的应用程序接口（API），用专业的摄像机和“开放广播软件”（Open Broadcaster Software，OBS），将用户会议的主旨演讲在 Facebook 上进行实时转播。想象一下，作为组织者，你的 Facebook 页面上会出现一个会议直播通知，当你在直播的时候，所有被通知点赞的用户会在 Facebook 的应用程序上收到直播开始的通知。这就是直播的好处！

如果你是一家 B2C 公司，Facebook Live 上的直播内容包罗万象，从员工、顾客或者网红主持的产品演示，到以员工为主角的“生命中的一天”系列节目等，应有尽有。

不宜在 Facebook 上发布的内容

1. 过度推销的内容

值得再次强调的是，Facebook 作为一个商业机构，最主要的目的是让品牌方进入用户群并且赢利。如果你的帖子是过度推销类的，比如请用户订阅服务，你很有可能会被平台惩罚。与其利用 Facebook 来推销，不如开动脑筋利用创意（这也是市场营销人员的工作）来推销，设想一下：“如果我是品牌方的用户，我想看到什么内容？”如果想知道你的用户群想看什么内容，直接在群里提问就可以。

2.“引诱客户互动”的帖子

一个经典的社交媒体营销文案总是会在每一个帖子中添加一个行动呼吁（a call to action），从“点击这里”到“观看这个”“了解更多”，再到“立即注册”。当你故意绕过平台上可以帮助你找到潜在客户的广告产品时，Facebook 可以自动检测出你添加了行动呼吁。因此，立即停止在你的帖子里添加行动呼吁，取而代之的是提高帖子的话题性，这会让帖子的热度得到适当地提升。

3. 标题党文章或假新闻

在很多情况下，引诱用户点击的文章和假新闻是一体的，比如你在一篇文章的末尾看到那些宣传减肥秘方的广告文字——“连科学家都不想让大众知道”，或者有的文章曝出“伪造自己死亡”的名人，还有一些吸引眼球的标题。Facebook 正在打击这些引诱大家点击链接的帖子，这些链接中一般包含误导信息和垃圾内容，或者标题内容类似“现在就来免费领取副本吧，只需付 19.99 美元”。

4. 长篇纯文字帖子

你的 Facebook 主页不是博客页面，你仍然可以利用 Facebook Notes 来创建类似博客的内容。但是在你的主页中，应该让帖子内容保持简短。我看到很多人犯了同一个错误，甚至在他们的个人档案里也一样，就是发布篇幅长的帖子。我们很难在手机上阅
读这样的内容，眼睛很快就会瞟向别处。我的建议是，让帖子的 062
标题简单易懂，最长不超过两句话。一名擅长撰写线上广告的专家曾经告诉我，撰写社交媒体广告的秘诀就是要像写广告词一样言简意赅：第一句话就把要点说清楚。

5. 有过多标记的帖子

最后一个提示是针对那些喜欢在一个帖子里标记过多其他用

户的人，他们这么做是为了让自己的帖子能出现在其他人的页面或者档案里以获得低成本的互动。请不要在一个帖子里标记 99 个用户，以期扩大它的阅读量。增长黑客和发送垃圾信息的做法截然不同。只要有一个被标记的用户举报你，整个帖子就会被服务器移除。

如何快速增加你的 Facebook 内容

现在你知道了根据 Facebook 算法该做什么以及不该做什么，这样可以大幅提高帖子的自然阅读量[①]。你可以专注于如何快速提高阅读量，即以低成本的策略进行不同的尝试，看看哪种策略适合你的品牌。不要大范围发送明显是广告推销的内容，这些内容完全不被受众接受，而且会被视为垃圾信息。

1. 评论老帖子，让 Facebook 算法认为它是新帖子

你知道 Facebook 最喜欢哪种类型的帖子吗？那就是这个帖子有许多相关的互动和评论，使该帖子在网络上像流行病毒一样快速传播，这样可以为平台留住用户。我的建议是：利用 Facebook 的分析工具，回溯之前一年的帖子，找到互动最多的那些内容，
063 我把这些内容称为你的“黄金曲目”。同时，每周从“黄金曲目”里挑一首“金曲”，点赞每一个“金曲”下的评论，并回复评论。由于又有了互动，老帖子会重新回到新闻源的头条。更妙的是，新粉丝可以看到以前没有看过的内容。

2. 积极推广本地视频

你应该养成一个好习惯，每当在 Facebook 的页面发送本地视

---

① 自然阅读量率（Organic Reach）是指在没有付费传播的情况下看到你帖子内容的人数，包括那些转发你的帖子以及你的 Facebook 主页上的人。——译者注

频时，马上花一点广告费（最低 10 美元）来推送视频，推送时间设为本地视频上传的 24 ~ 48 小时，这样可以给视频的浏览量和阅读量带来一个小高峰。这样做的原因是，人们更愿意打开一个已经被浏览了几千次的视频，而不是浏览量少于 100 次的视频，所以你需要尽力推广本地视频。

3. 通过 Facebook 第三方合作伙伴来推送广告，以提高阅读量

Facebook 的发行渠道很多，媒体和行业出版物都是 Facebook 的发行伙伴。因此，当你购买 Facebook 广告服务时，记得要勾选在发行伙伴网站推送广告的选项。这个策略可以让你的内容在除了 Facebook.com 网站和手机应用以外的地方出现，推送给目标受众。你还可以通过 Instagram 来推送你的广告，覆盖一些也许并没有在 Facebook 上关注你的受众。

4. 利用 CRM 和电子邮件列表自定义受众群体，细分至包含竞争对手及员工

购买 Facebook 广告服务的关键在于聚焦目标受众，而不是随意撒钱看效果。很多公司有客户关系管理（Customer Relationship Management，CRM）系统或者顾客的电子邮件列表。如果你拥有顾客的电子邮件列表，在不违反相关数据隐私 064
规定的情况下，可以把它应用于 Facebook 广告。只需要将顾客的电子邮件列表上传至 Facebook，就可以将所购买的 Facebook 广告专门推送给他们。这个策略是确保顾客不仅能在电子邮箱里收到你的广告，而且可以从手机或者电脑上的 Facebook 里收到。这当然是在不违反相关的数据隐私规定的情况下进行的。一旦将电子邮件数据上传到 Facebook，你就可以开始建立自定义的受众群体，除了顾客以外，还可以针对为竞争对手点赞的

Facebook 用户。通过创建针对本公司员工和竞争对手员工的细分市场，你便能将 Facebook 广告的定位提升到一个新的水平，扩大你的影响力。

5. 为超级粉丝和品牌关注者建立专门的群组

我之前说过，Facebook Groups 可能是自然互动的最后一个平台，因为群组依赖点对点的技术，不需要一个中央服务器，却需要有人建立群组及进行维护。然而，你也可以把品牌页面与群组连通，变成一个“官方”小组。我的建议是，如果你品牌的用户基础很好，不妨为使用你的产品和服务的人建立一个群组。这个群组的功能在于社交、问答、技术支持和培训，切忌在群组里强行推销。另外，还可以考虑为品牌最狂热的粉丝建立一个小规模的焦点小组。

6. 为你的视频添加字幕

为你的视频添加字幕的好处是，可以吸引那些把电脑或手机调至静音的用户，他们可能会跳过那些没有字幕的视频。当然，添加字幕最主要的原因是，字幕里含有宝贵的元数据（metadata）[1] 和关键词，当你和 Facebook 的人工智能算法斗智斗勇时，视频内容里可以抓取的关键词显然对你有利。我会使用
065 Rev.com 来为我发布的大多数视频添加字幕[2]。

7. 设置自动回复程序

我要分享的最后一个增长黑客的技巧是围绕设置自动回复功能展开的。如果你使用了自动回复功能，每当有人在你

① metadata，又称诠释数据、中介数据、中继数据、后设数据等，意为 data about data, 即描述数据的数据。——译者注

② 在国内，一些短视频网站如抖音可以自动生成字幕。——译者注

的主页向你发送信息，都会自动收到一个回复。如果你是管理员的话，设置这个功能只需要不到一分钟。首先，在你的Facebook 页面上点击“设置”（“Setting”），在屏幕左边选择“信息”（“Messaging”），然后进入“自动回复助手”（“Response Assistant”）页面，就可以为你的受众设定聊天流程体验。举例来说，先设定一个简单的“谢谢来信”的自动回复，让你的受众知道，在未来 24 小时内会有专人详细回复他。其实比起自动回复，还有其他更复杂的应用程序。虽然这是一个免费而且简单的解决方法，但是可以使那些向你的品牌页面发送信息的受众不会因为你不在线而感觉受到冷落。更棒的是，自动回复助手可以帮你预约，甚至让顾客去访问你的网站，我们都知道后者很重要。

创建可以转化的内容

思考在哪里或如何创建内容的想法，总是很不容易，所以下面我将讨论如何创建能转化的内容。

1. 能开展对话的内容会带来点击量

你可能会问自己，有没有可能，或者什么时候才能让那些为你点赞的用户去访问你的网站？你首先要做的是，让用户在你的帖子下面发表评论。这样做很有用。当有用户发表评论时，他的朋友以及朋友的朋友都会看到他的评论，这时，你应该马上点赞 066
并回复他的评论，表达谢意，并在回复中加上公司网站的链接，邀请他访问。

2. 哪里可以找到适合发布的内容？

你无须到处寻觅内容。你的 Facebook 页面接受评论或者推荐吗？如果是的话，可以引用这些内容并把它们转化为卡片，你可以在 Canva.com（在线图形设计平台）上找到模版，还可以引用员工和顾客生成的内容。不要忘了你的博客内容，这些内容很有可能已经放在其他平台如 Medium[1]、LinkedIn 和公司网站上，其实也可以放在 Facebook Notes 上。

3. 在新闻源中占据的空间越大越好

当你在 Facebook 发布视频帖子时，下一次试试用竖版的画面，就像 Snapchat 或者 Instagram 的界面一样。在默认情况下，大多数 Facebook 的视频内容都是以横版或宽屏模式显示的。但是，当你发布竖版视频时，如果用户在智能手机上观看，视频会在新闻源中占据更多空间。提醒大家，发布本地视频时，一定要确保标题至多两行，而不是直接发布你在 YouTube 频道的视频链接。

对你的脸书页面进行自查

作为本章的结尾，我建议你在应用上述任何技术或者策略之前，对自己管理的所有 Facebook 页面进行自查。

067 以下自查问题是我提供给客户并在我的工作坊里使用的。

---

① Medium 是由 Twitter 的联合创始人埃文·威廉姆斯（Evan Williams）开发的在线出版平台，于 2012 年 8 月推出。该平台拥有业余和专业的作家以及出版物，并经常被视为博客平台，也是社会新闻报道（social journalism）的典范之一。——译者注

- 你使用 Facebook 的目的是什么？
- 你的绩效考核指标是什么？（注：一般来说，绩效考核指标是点击量、参与度和投资回报率等）
- 你想接触哪类客户群？
- 你向粉丝推送过什么类型的帖子？
- 你多久在 Facebook 上发布一次帖子？
- 你和粉丝进行一对一交流的频次是多少？
- 你是否再次使用其他平台的内容？
- 你是否使用 Facebook 广告，如果是，多长时间使用一次？
- 过去 12 个月中，你发布的最吸引人的帖子是什么？

以上问题应该成为你和你团队的行动指南。

当总结本章内容时，我希望你对在营销组合中使用 Facebook 更有信心。要想主宰 Facebook 和其他任何社交媒体，首先你要有一个策略。这也是为什么我经常问客户“你想接触哪类客户群？为什么你想接触他们？”如果你不能简明扼要地回答这个问题，你应该重新评估社交媒体在业务中的作用。同样，运营社交媒体是一项耗时的工作，与其无谓地在上面浪费时间，不如使用其他更适合的策略来发展你的业务。

下一步，当你评估 Facebook Live 的可能应用场景时，我希望你可以脑洞大开，利用这个工具来打造一系列类似播客或者视频日志（Vlog）的节目。这些节目将从内部视角让用户知道如何为你们工作。更好的做法是，招募几个品牌的“忠实粉丝”为你创作内容，利用这些原创内容造出声势来。Facebook Live 最多可以提前七天进行规划，你可以据此提前做准备。当直播开始时，用户会收到通知。你可以好好利用这七天，提前在自己的社群进行宣传。你还可以做的是：努力对事件进行跨平台宣传，包括群发电子邮件。

说起发送电子邮件，我敢打赌你的顾客不都是你的 Facebook 粉丝。这就是为何你需要时常更新你的客户关系管理系统数据库。你们可以通过 Facebook Ads 和发电子邮件来宣传 Facebook 账号和活动详情。

读完本章以后，我想有些市场营销同行会对 Facebook Groups 感到好奇并跃跃欲试，想为自己公司设立一系列的 Facebook Groups。在你开始这么做之前，在命名方面，与其把小组命名为"×××粉丝小组"，不如让小组的名字更具有开放性，与行业以及更广泛的受众相关。我在之前的一个会议上也提到了这个要点，后来才知道，一家船只经销商也成立了一个 Facebook Groups，名为"爱船者"，这个小组发展得很快。打造类似的群组能让品牌在本领域里建立起威信，而无须过度推销。

最后，再怎么强调也不为过的是，不要把 Facebook 作为取得快速投资回报率的平台，因为从长远来看，这样做不会带来成功。不要强求互动，要付出成本。不要把人们从 Facebook 上赶走，要让他们留在你的页面上。我经常把 Facebook 比作一个巨大的跳蚤市场，在那里，企业设立了摊位（他们的页面），通过在广告上花一点钱，他们就能收回成本，并赚取利润。

我鼓励大家在网上表现得更活跃，但如果想成功，你也要知
069 道社交媒体"游戏"的玩法。这是我的真心话。

第五章

营销很像你在 Tinder*上谈恋爱

今天你在网上看到的大部分内容，无论是由企业还是个人发布的，其实都是为了让你做出某种反应。不论是在营销世界，还是在现实世界，我们作为用户喜欢参与营销活动和与他人互动就代表着认同。

你需要更多地了解心理学和人类情感，而不是只懂传统意义上的销售和营销，这就是为什么我要回到本书的第一句话——“我们知道，传统营销方式已经终结”。

假设我创造了一个个人品牌形象，因为我和你说话的语气一样、志趣相投，你因此关注了我。当你评论我的帖子时，我会回复你的评论，与你互动。当我突然发一个视频或推广一个品牌的时候，你很有可能会认同我的推荐。这就是个人品牌，也是为什么对于很多 Z 世代和千禧一代来说，YouTube 打造了一个平台，让他们可以分享他们的日常生活，并从中获得报酬。

虽然很多品牌方偶尔会请一个有影响力的人来为它们的品牌

---

* Tinder 是国外的一款手机交友应用程序，作用是基于用户的地理位置，每天推荐一定距离内的四个对象，根据用户在 Facebook 上的共同好友数量、共同兴趣好爱和关系网给出评分，得分最高的推荐对象被优先展示。——译者注

做代言，他可以在社交媒体上快速掀起互动的高潮，但是对于公司来说，让一个人或者一群人在网上代表公司和品牌，其实是特别纠结的，因为到最后，人们会更珍视品牌商标而不是人脸。问题来了，今天什么更有影响力？是人还是商标？这个问题的答案
071 是人。

我在 2014 ~ 2016 年体会到这一点。当时我的个人事业在很大程度上借助 Snapchat 平台而一飞冲天。通过这个平台，我学会了如何讲故事并且知道了“内容拟人化”。然而，我认为与 Snapchat 相比，我的成功更应该归功于建立社群的能力。

2014 年，我开始分析 Snapchat 的内部工作原理，同时在 YouTube 上创建了视频日志频道（youtube.com/carlosgiltv）。如果你登录我的频道，就会发现我的第一个视频内容是 2014 年 5 月我在纽约参加童年好友的婚礼。我在一个平台上直播自己的生活，打造自己的真人秀，并邀请全世界的人围观，这整个理念都很吸引人，并帮助我的个人品牌从 Twitter 上的一个形象发展为一个真实的人，具有个性。然而，这还不完美。很多人也像我一样，不是天生就会讲故事。我在 YouTube 创建视频日志频道后的第一年发布了超过 100 个视频日志，浏览量别说百万连几千都没有。我最早期的 Vlog 的平均浏览量都不过百。比浏览量不高更糟糕的是，我发现在公众场合拿相机自拍时被人盯着的感觉怪怪的。结果就是，我决定暂时不使用 YouTube。

我希望我当时能意识到创作好内容并积累受众需要耐心和毅力，这一点也是今天的市场营销人员需要谨记的。

在最近一期的《真心对话》（*Real Talk*）节目里，我采访了索霍斯传媒集团（Sawhorse Media）的首席执行官兼联合创始人格雷格·加兰特（Greg Galant）。他为新的内容创作者提供了重

要的建议："你创作的内容一开始会很糟糕。对于大部分人来说，需要花费很长时间才能掌握并创作出好的内容。"他鼓励道："不要一开始就丧失信心，也不要在和其他人的比较中心灰意冷，因为其他人可能已经坚持好几年了，所以要给自己时间到达更高水平。一开始很多好的内容创作者需要大量练习，提高技艺，把作品上传到平台上，看哪些内容被受众接受，哪些不被受众接受，然后再加倍努力改进内容。" 072

同样，专业的 YouTube 博主和播客主播莎拉·迪奇（Sara Dietschy）也在《真心对话》节目里谈到过坚持内容创作的重要性。她说："你不能放弃，你不能只拍了一两个视频就觉得大家不喜欢你的内容。我觉得这就是为什么做自己热爱的事情如此重要。这么说很老套，但是如果你不热爱某件事的话，你就不会坚持做下去。"

迪奇说道："如果你想在任何领域留下长久的印记，那么你就要先成为一名专家。"对她来说，当她在 2016 年创作的一个视频在网上爆红的时候，她已经创作了足够多的内容，当人们找到她的账号时，有足够的理由关注她，而不是去追逐下一个热点。她说："我的频道里有许多独特的好内容能够留住受众，而且可以突出整个创作过程。这些视频内容既有教育意义，也对其他人有启发。我想，除了继续寻找机会创作流行的视频，或者寻找可以被搜索的创作题材，还必须投入地工作，成为有独特个性的人，这样当你被人们发现的时候，他们才会持续关注你。"

从 Snapchat 开始

2014 年，除了试图在 YouTube 上进行自我营销以外，我还花了大量时间研究 Snapchat，并被它的基础架构迷住了。虽然当时面向公众的 Snapchat Stories 栏目还没有开通，但是 Snapchat 仍然是个人用户之间的信息通信工具。我给别人发送一个包含图像和声音的视频就已经足够令人兴奋了。实际上，当时 Snapchat 能给人带来的多巴胺刺激是其他社交媒体不能比的。因为当时社交媒体的主要功能是发布以文字和图片为主的帖子，视频功能有限。
073 而实时视频在当时的社交媒体中还未出现。

另外一个由 Snapchat 开创的主要功能是“已读”功能。作为终端用户，我认为这个功能改变了“游戏”规则，现在我能知道谁观看了我的视频，却不喜欢或者忽视它。另外，我们在社交媒体上的很多反应其实是由心理或者情绪引起的。因为有人读了我的信息却不回复，我感到被忽略和情绪低落。今天，你也能在 Instagram 和 Facebook 的即时通信工具 Facebook Messenger 上看到你的信息是否已读。最后，我选择 Snapchat 的主要原因是，作为一个 30 岁的市场营销人员，我想成为一个会讲故事的人，可以在公众场合放弃自动相机而使用苹果手机，这实在是方便多了。

2015 年 1 月初，我是一个会讲故事的求职者，而这一年对我来说是有决定性意义的一年。我刚失业时做的第一件事就是发电子邮件给我的数以千计的 LinkedIn 联系人告知近况，立即有很多人主动提供帮忙。其中一位是查韦斯 · 怀特（Travis Wright），他建议我在 Facebook 上创建一个“Hire Carlos”（“卡洛斯要找工作”）的页面，而不是给公司投简历。作为一个社会实验，他愿意自掏腰包在 Facebook 上刊登广告，目标受众是我最理想的求职单位的猎头。这听起来棒极了，是不是？

除了在 Facebook 上创建一个这样的页面以外，我决定再给 YouTube 一次机会，但这次 Vlog 的主题是失业以及如何更个人化地与他人沟通。失业期间，本人（Carlos Gil）就是我想销售的产品，我的营销方法是让求职的过程更加人性化。如果我能让足够多的人喜欢我和真正地相信我，那么这些人就会迫不及待地把我推荐给自己的同事和求职平台。这和今天我们把员工和客户转化为品牌拥护者的做法没有什么不同。 074

虽然我在出席的各种会议上积极地创作内容，但内容本身并不是关键，我的个人品牌才是关键。我坚信，在社交媒体上寻找客户和联系人的方法可以更精益求精，通过挖掘各种人性情感和直接对话逐一与他人建立有意义的关系。

2015 年 2 月，我在湾区的一次旅行期间，预先做好了充足的准备工作。一开始，我去参加面试，但最终我没有获得那份工作。无论如何，我把整个过程以 Vlog 的方式记录下来，你可以在我的 YouTube 频道上一个名为“如何准备面试”的视频里找到相关内容。我计划去奥克兰参加另一场面试，在那以前，我会在旧金山参加一个品牌创新峰会。而在峰会和下一场面试之间，我决定去理发，所以我就在 Uber（优步）上约了一个拼车。我旁边的乘客是一位女士，她问我来旧金山所为何事。我告诉她我是来面试的，我的工作与社交媒体有关。她说她是一家社交媒体公司的招聘人员，而这家公司名叫 LinkedIn。

就算是编剧也很难编出这样的情节。如果你想知道偶然性是如何发挥作用的，可以去我的 YouTube 频道观看题为“我是如何在 Uber 里找到工作的”和“我的字典里没有‘放弃’二字”的视频。

回到家后，我把在 YouTube 频道里有关找工作的视频连同简历一起通过邮件发送给拼车时认识的女乘客。接下来的那一周，我又坐上了前往旧金山的飞机，在那里我参加了 LinkedIn 的面试并很快被录用。这段经历表明了建立个人品牌是带来价值的许多方式之一，也说明了线下、线上的人脉和个人品牌如何交织在一起。

即使在 LinkedIn 工作期间，我也没有放弃打造个人品牌。在 2015 年初，Snapchat 在千禧一代中的人气持续升高，于是我也在 Snapchat 上插上了自己的旗帜，在那里创作和发布的内容是在 YouTube 上的 3 倍。令我很骄傲的是，也许除了加里 · 维纳
075 查克之外，我是最早的一批把 Snapchat 加入个人品牌社交媒体矩阵的市场营销人员之一。我开始把每天的 Snapchat 故事转发到我的 YouTube 频道上，而这样做反过来让我在 Snapchat 的粉丝量大增。说起 YouTube，由于我现在每天都在 Snapchat 上发布 Vlog，我开始将 YouTube 作为对外发布内容的工具。我的 Vlog 主题不再是关于“卡洛斯 · 吉尔生命中的一天”，而是越来越聚焦于传授 Snapchat 在商业应用上的长处及短处，从而帮助他人成为更好的市场营销人员。

我是第一批进驻 Snapchat 平台的市场营销人员之一，不仅可以抢占先机，提前捕捉 Snapchat 用户社群的注意力，而且成为第一批在 YouTube 上和无数会议上讲授 Snapchat 这个营销工具的人之一。

事实上，我发现，即使我的就业状况不断变化，我也可以继续利用 Snapchat 来宣传我的个人品牌（我在 LinkedIn 的工作时间很短，2015 年 7 月底我跳槽到了 BMC 软件公司）。每天我都会登录 Snapchat，精神百倍地吆喝一声：“今天怎么样，Snapchat 用户？”作为我的每日故事的开头。随着时间的推移，我发现在 Snapchat 上讲故事的关键（发展到今天也适用于其他平台）在于我与粉丝在情感层面上的交流，而不是我在当天要与人们分享的

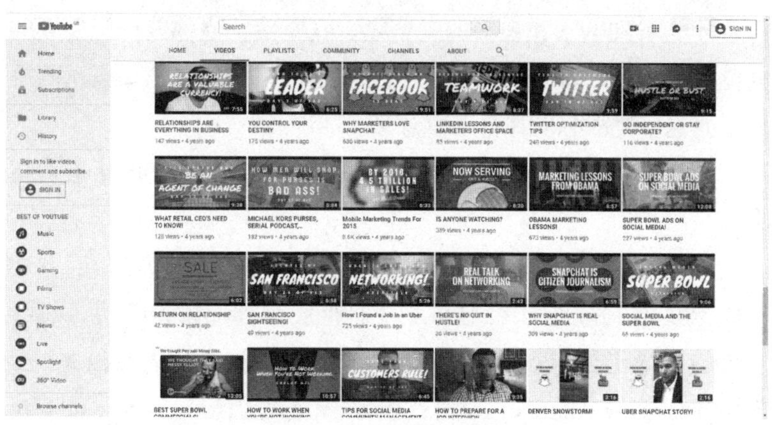

图5-1　我的YouTube频道截图，包括我如何在领英找到工作的视频（Gil,2015） 076

内容。如果从当天的第一张快照中你看到是愉悦、精神抖擞的我，很有可能接下来你会回来继续观看。而对于我来说，作为一个内容创作者，最重要的是多巴胺的刺激，而这种刺激是从和粉丝的互动中得到的。

接着谈 Snapchat，随着我在该平台上的知名度越来越高，我意识到我与人们的联系程度达到了当时其他社交网站无法达到的程度。我在 Snapchat 上传了一系列短小、互动性极强的视频，旨在让人们可以继续关注接下来的视频。Snapchat 还有一个好处，那就是只有创作者本人才能看到每一个视频的浏览量，我认为这个功能让我成为一个更会讲故事的人。为什么很多人放弃在 YouTube 甚至 Facebook 上创作原创内容？因为当他们在这些平台发了帖子以后，他们的帖子并没有多少浏览量，而这一点被公 077
之于众以后，会让创作者自认为是个失败者。与此不同的是，在 Snapchat 和现在的 Instagram Stories 上，只有作为最终用户的上传者才能看到帖子和视频的浏览量。我坚信，当你能访问视频的浏览量数据时，你会创作出更好的内容，因为这是一个真正的挑战，而这个挑战只对你自己有意义。

此外，发自内心想去创作比被其他人或者浏览量驱动更重要。

如果你想建立一个品牌或者成为一个有影响力的人，“你不能只关注粉丝量或者名声”，企业家兼线上访谈节目《领导者创造领导者》（*Leaders Create Leaders*）的主持人杰拉德·亚当斯（Gerard Adams）说道：“你必须真的想影响世界，你有自己的故事，克服万难，具有真正的专业知识和热情。”

创作者可以通过向受众敞开心扉来影响世界。对于品牌方来说，重要的是要明白社交媒体用户越来越希望看到的是真实的、鼓舞人心的内容，品牌方不仅可以谈论成功，也可以谈论失败。

亚当斯补充道：“我们每个人都有天赋。一旦你能够真正挖掘自己的天赋，深入讲述自己的真实故事，并进一步探讨你为什么想有影响力，你的故事就不再只属于你自己，你想做的其实是为他人服务。”

不要过度依赖平台

你应该专注于分享你的故事和为他人服务，而不是试图在一个平台上获得尽可能多的关注者，这一点也很重要，因为随着社交媒体的发展，你可以将你的故事带到其他媒体平台上。

以自己为例，“今天怎么样，Snapchat 用户？”类似的口号不再有用。Snapchat 最终决定改变算法，让我不能像之前一样接触同样多的用户，我对 Snapchat 失去了兴趣。我试图在 Instagram

上重振声威，却发现 Instagram 上已经充斥了过度嘈杂的声音。如果只专注于 Instagram 这个平台，我只会遇到很多困难。而我在许多社交媒体平台上却取得了成功，我会根据每个平台的不同受众来分享我个人生活的不同部分，而不受限于平台。这就是为什么我经常告诉业内的朋友，作为内容创作者，千万不要只“嫁给”一个平台，而是要灵活地在不同的社交媒体上打造个人品牌。

最近，我参加了社交媒体营销世界（Social Media Marketing World）年度会议[①]。这个一年一度的大型会议汇聚了成千上万名营销人员，包括创意行业和在业务中使用社交媒体的人。正如我和其他同事分享的那样，在社交媒体上开展业务，我们其实都是“租户”。换句话说，你正试图在一家已经建立起来的公司上发展你的业务，当你停下脚步思考：如果那家公司消失了，或者改变运营方式，什么事情会发生？想想都让人害怕。

脱口秀主持人、美国全国广播公司《今日秀》（*Today show*）的撰稿人马里奥·阿姆斯特朗（Mario Armstrong）最近在我主持的《真心对话》节目中说道：“太多人依赖平台获得成功，当你这么做的时候，你所能达到的高度完全由平台决定。”

与其被社交媒体平台所束缚，不如专注于本书的主题“营销内容的人性化和个性化”，因为这样的内容不依赖任何一个社交媒体平台就可以独立存在，而且轻易就能转化成其他的营销方式。

一旦你不再把社交媒体作为事业的根基和荣耀，并认识

① 社交媒体营销世界年度会议是一个数字和社交媒体营销活动，该会议始于 2013 年，已成为美国数字营销行业最大的年度盛会。——译者注

到你凭个人能力以及成为“你自己”吸引其他人的注意力，你便会恍然大悟，其实这些平台只是一些能扩大你的影响力的渠道。

事实就是如此，这些渠道仅仅是渠道。

那么你该如何让大家保持热情和关注度，而不像人们使用收音机调频和电视机遥控器一样随意转换呢？

079 这个问题正是我想帮你解决的。

生活在 Tinder 的世界里

当今时代是一个完全不同的时代。以前，电视、广播和印刷品是我们主要的信息来源，因此我们有更多的空间对信息进行缓慢的构建和深入的挖掘。而现在，我们生活在 Tinder 的世界里，我指的不仅是我们在利用应用程序来找对象，而且是我们对看起来有吸引力的事物会快速做出反应。如果一张图片或任何其他类型的营销内容最初没有让用户产生共鸣，用户就会转向下一个内容。今天，你的数字内容的视觉吸引力正是你的产品或服务的卖点。

请允许我解释一下。

回想最近一次你滚动浏览 Facebook、Instagram、LinkedIn 或 Twitter 的情况。在大量的网络噪声中，第一个吸引你注意力的帖子是什么？想一想是什么让那个帖子吸引了你？也许单纯是因为这个帖子看上去很美？

作为人类，我们都喜欢美的事物。不然的话，Reddit[①] 会比

---

① 留言板（Reddit）是一个娱乐、社交及新闻网站，注册用户可以在这个网站上发布文字或链接，它基本上成了一个电子布告栏系统。注册用户可以对这些帖子进行投票，结果将被用来进行排名和决定它们在首页或子页的位置。——译者注

Instagram 或者 YouTube 更受普通数字消费者欢迎，因为 Instagram 有的仅是视觉故事，而 YouTube 上全是视频内容。分析一下什么样的数字内容会吸引你，然后当你为企业创作营销内容时，进行有益的换位思考。

举个例子，《国家地理》（*National Geographic*）杂志和巴塔哥尼亚[①] 等品牌通过分享美丽的自然摄影作品，在 Instagram 上吸引了大量受众。耐克等其他品牌则突出励志故事，通过人脸图片来吸引人，传达人类的各种情感。

至于你自己的品牌，想想你能创作什么类型的内容，能够迅速抓住受众？对于一些人来说，内容的类型可能是员工出差地的美丽风景，而对于另外一些人来说，吸引人的内容可能是人们在办公室里因愚蠢而闹笑话的照片。

同样，如果你想吸引人们阅读文字内容，那么你需要一个特
别棒的标题和主图。讲故事仍然是关键，但记住，无论你想创作 080
的题材是什么，你都需要快速地把人们吸引住，然后才有可能完整地讲述你的故事。

接下来，我会一步步带领你规划社交媒体帖子，从开始到结尾，优化整个讲故事的过程。

仔细地用故事板来讲好你的故事

我在 Snapchat 上讲故事和在 YouTube 上发表 Vlog 的经验是，你的故事应该有开头、中间和结尾，以让你的社群成员持续参与

① 巴塔哥尼亚（Patagonia）是一家主营户外服装的公司，由伊冯·乔伊纳德（Yvon Chouinard）于 1972 年创建，总部位于美国加利福尼亚州文图拉。该公司参与了几个环保运动，具有社会责任心。巴塔哥尼亚将其 1% 的销售额或者 10% 的利润捐献给环保组织，并与环保组织共同创建了“1% For the Planet”的商业联盟。——译者注

互动。在开始之前，你先要有一个计划或故事板，这样你就可以保证达成目标。比如，一个时尚品牌的 Instagram 故事板可以是“面试时该应如何着装”，这样可以让受众把故事看完。拥有一个明确的目标，你便更容易向受众传达故事的剧情。试想一下：如果有人偶然发现你的 YouTube 频道，看了几个意思不明确或者需要上下文的视频，他可能永远不会再回到你的频道了，更别提订阅了。同样的准备工作也适用于“故事”和“直播”栏目。每当你开始记录你的一天或经历，一旦点击了“录像”按钮，你就已经是“在线”状态了，所以请一开始就向选择观看的受众说清楚。

无论是关于什么题材的视频，从你嘴里说出来的第一句话都应该是“嘿，大家好，今天我在做……”。在这个 Tinder 的世界里，视频只有几秒钟，这就是为什么开头很关键。让你的受众从开头看到结尾是非常困难的，这就是为什么你应该不断地告诉你的受众每一段视频的内容，同时加入一些微妙的语句以让他们继续看下去，比如“你不会想错过这个”或者“继续
081 看下去，结尾会有彩蛋哦”。为了让你的受众不断地回到你的频道，在结尾号召他们采取行动，比如要求他们订阅，以便他们在下一个视频发布时得到通知，或者请他们留言，期待他们提出建议。

不超过两句话的简短标题

在任何情况下，你的社交媒体帖子都要保持简洁。一到两句话的标题或简短的推文往往效果最好，因为人们的注意力保持的时间不长。很多时候，我看到人们在 Facebook 或 LinkedIn 上发布长篇内容，这个策略很糟糕。在 Facebook 或

LinkedIn 发布让人视觉疲劳的帖子，帖子就会显得像垃圾信息，降低了被阅读的可能性。用户们倾向于不参与长篇内容的讨论和互动，除非在适当的渠道，如平台内置的 Facebook Notes 和 LinkedIn Articles，或者在一些博客网站如 Medium，你也可以在自己的网站上创建博客以实现搜索引擎优化[①]。除了上述情况以外，在为社交媒体创建内容时，可以考虑用以下方法来构思简洁的标题：

> 先把问题说出来，再跟进解决方案。
> 比如，"社交媒体的留存率太低了！不过我有解决办法。"

你的目标应该是让用户查看、评论和转发你的内容，甚至让他们一路点击到达你公司的网站，再购买产品。不要把重点放在写一个完美的标题上，以至于减少了对主要内容的关注，特别是在类似 Instagram 的网站上，用户更倾向于回应视觉效果好的内容。 082

提出开放式问题，最大限度地提高参与度

与只有很高点赞量的帖子相比，如果一个帖子有很多的评论和回复，意味着这个帖子在网上有很大的吸引力并且引发人们的好奇心。评论和回复的数量能表明人们正在花时间回应帖子，而不仅仅是点赞帖子。如果你想提高评论数量，现在就开

---

① 搜索引擎优化（Search Engine Optimization，SEO）是一种通过了解搜索引擎的运作规则来调整网站，以及提高目的网站在有关搜索引擎内排名的方式。——译者注

始向你的社群提出开放式的问题吧。我们都知道 Facebook 会惩罚类似的行动呼吁，如“观看此视频”或“在下面评论”，你最好通过询问一个开放式的问题来避开惩罚，如“这张图片让你感觉如何？”或者“你有什么可以推荐？”

使用顾客的生活照来代替库存照片

老实说，我不知道库存图片公司是如何生存下去的，更不知道为何品牌方会购买库存图片用于社交媒体帖子。请不要再为人们提供他们可能在航空杂志上看到的照片，而是向你的社交媒体受众传递真实信息，比如使用员工或顾客拍的照片。

社交媒体营销机构 Casual Fridays 的创始人兼首席执行官、Tack 的联合创始人和圣地亚哥社交媒体日的执行制片人泰勒·安德森（Tyler Anderson）说：“社交网络中新的自然增长是通过你的顾客和员工实现的。虽然人工智能算法会压制来自品牌方的内容，但并没有压制来自个人用户的内容。归根结底，品牌由人打造，而品牌的顾客基础也是人。”他继续说道：“所以一定要有一个员工宣传计划、用户创作内容计划或
083 策略，也就是说给员工和顾客赋能，让他们为品牌讲故事，这个举措将在未来产生长远的影响，也是在目前阶段，你仍然可以取得自然增长率的举措。另外，比起品牌方自己输出的内容，此类的自然增长内容更具有互动性和影响力，也更值得信赖。”

按照第三章的方法，你可以很容易就在社交网络上搜到人们对品牌的评价。如果你找到了和产品有关的帖子，可以主动与发帖人联系，并请求他们允许你在自己的频道里转发他们的帖子。

你也可以在社交媒体里关注你的顾客，请求他们允许你使用与品牌相关的内容。这么做可以向公众展示品牌的人性和社交性，这本来就是人们使用社交媒体的原因。举例来说，一个会计师使用一张与财富相关的库存照片来编辑帖子，这个帖子在社交媒体上的效果肯定不如使用一张由顾客拍的照片，他在照片里展示的是退税后购买的物品。

安德森说道：“人们更信任朋友和家人。由用户撰写的内容其实就是一种微妙的推荐形式，因为人们在社交网络上评价企业或个人发布的内容。大多数品牌方必须重视用户的评价内容，应该张开双臂欢迎用户评价，并制定相应的策略。这变成新的自然社交模式。要注意的是，你必须取得用户的法律许可。很多品牌方并没有这么做，而是直接剽窃别人的内容，毫无疑问这是不行的。”

营销就像约会

让我们回看本章的标题。这些年来，我身边的许多朋友通过
Tinder 成功地找到了约会对象。在我看来，这个过程与营销非常
类似。尽管 Tinder 是最肤浅和最无情的线上约会平台之一，但是 084
依然有人使用它，因为人们挑选约会对象的标准很大程度上只取
决于对方的相貌。营销与 Tinder 的相似之处正在于此，产品包装
得好，卖得就快。

在每秒钟都有很多个人和品牌方创作好几百万条帖子的数字海洋中，你如何能吸引顾客？

- 注重线上内容的呈现方式，也就是说，外表要有吸引力，内容要独特。
- 一对一地与顾客互动，而不是一对多。
- 当顾客需要的时候，及时回应他。
- 既自信也容易接近（记住第三章里 Wendy's 的例子）。
- 通过人而不是产品来表达个性化的内容。

美国航空公司（American Airlines）是一个营销做得很好的品牌。虽然我从未与它的社交媒体团队的成员碰过面，但我真的觉得与美国航空公司有着亲密的关系。这些年来，我经常乘飞机，有好多次因为旅行计划改变，我不得不直接在 Twitter 上 @AmericanAir 直接求助，以便重订机票。美国航空公司经常直接替我办理了退票，而不需要我动一根手指打客户服务热线。这种便捷的沟通让我更加忠实于这个品牌。

实际上，营销和职场都与约会非常类似。一切都可以归结于关系。在职场上，你更有可能与喜欢的人共事。你信任向你推销的人，告诉他所有的业务需求和秘密，最终你会与超额兑现承诺和完成工作的那家公司锁定业务关系。

然而，要到达最后阶段，你需要关注在关系建立初期或中期
085 的细节。

如果把销售和营销看作一体，销售漏斗的中段就是你创作的、用来吸引客户和潜在客户的营销内容。

在商业世界里，我们都在努力推销，所以应该将我们的战略聚焦在如何提高适销性（Marketability）上，增强吸引潜在客户的能力，不管潜在客户的数量是1名、1000名，还是100万名，这都没有区别。

问自己以下几个问题：

- 我会给自己的公司下订单吗？如果会的话，是什么让我这么做？
- 有什么是这家公司能向我承诺，而其他公司无法承诺的？
- 我推出的内容是毫无价值的还是能预先提供价值？

说到能给他人预先提供价值，我立即想起了像我的朋友罗伯托·布莱克（Roberto Blake）这样的人，他通过免费提供关于视觉设计和 YouTube 增长策略的大量知识而拥有了一批忠实的关注者，他的频道现在有 20 多万订阅者。相比之下，Facebook 上有很多自称“大师”的人，他们尝试推销独家昂贵的大师班，却不提供任何能让我相信他们专业知识的内容。

营销和追求异性一样，你必须先付出，而且在众多追求者当中脱颖而出。你不能不先分享自己的信息，建立融洽的关系，就马上要求与别人交往。就像你必须在 Tinder 上不断地向右划，刷掉很多潜在的对象，并进行几次亲密的对话后才确定一次约会。在社交媒体上，你也必须先与买家多沟通，然后才能说服那个买家去刷信用卡、给你写支票或同意一起喝咖啡。

这就像是“老规则、新工具”，在人们都使用 Myspace 的时
代，你个人主页的音乐能从音乐和文化方面告诉大家你是一个什 086
么样的人。是的，通过一个人的音乐品味，你可以了解很多。在今天，虽然互联网如此喧嚣，我们仍然可以向无垠的数字宇宙发送信号，吸引顾客或终端用户，让他们与我们互动。这些信号可以是一个恰当的 Twitter 自我介绍，你也可以通过 Instagram

Stories 这类平台来拨开重重迷雾，让公众了解你的品牌故事和内涵。

说实话，如果我许多年前没有在 Snapchat 上打造个人品牌，包括当我失业的时候在 YouTube 和其他社交媒体平台分享我的脆弱时刻，我不会有今天的事业，也许更不会写这本书。通过 Snapchat 我体会到，如果你能对着掌心的 5.8 英寸屏幕说话，并让屏幕另一边正在观看的人喜欢你，那么你就抓住了许多品牌方花费数百万美元试图赢得的注意力。

注意力是商品。适销性是策略。喜欢度是衡量标准。

那么最后，你有多讨人喜欢？你的关注者和顾客是想“嫁
087 给”你，还是只是因为你的竞争对手没有选中他们才选择了你？

第六章

从增长黑客到实际增长

作弊和增长黑客之间是有区别的。在社交媒体的世界里，作弊是指通过简单的方式如购买粉丝来获得想要的结果。如果不这样做，那么你需要做更多努力，如有机地增加粉丝和订阅量，并且需要更长的时间来实现同样的结果。

而增长黑客是一种战略与战术相结合的形式。可喜的是，它还可以帮助你绕过烦琐的工作，节省时间、金钱或精力来完成任务。与作弊不同的是，增长黑客需要企业对于各种社交媒体平台和交流的方式都有深刻的理解，并通过试验、推翻再重新试验的方式来获得最佳结果。

虽然增长黑客在网络营销界已经成为一个流行词，但是需要说明的是，增长黑客的做法并不是营销。它只是达到营销的预期效果，即获得更多的客户，吸引潜在客户，提高收入或品牌知名度。增长黑客在各大平台的战略性操作使其不需要太过依赖广告经费和人力成本的活动。掌握增长黑客，你需要深入理解如何组织帖子中的语句，才能让帖子变得“算法友好”。

靠作弊或增长黑客来发展你的社交媒体账号，这两种

089 做法只想一想都让你想打退堂鼓，但是它们各自带来的结果是不一样的。请允许我分析一下二者带来的不同结果，你将看到，如果想在网上脱颖而出，你需要立即采取增长黑客的做法。

- 如果你想提高 Facebook 点赞量、Instagram 和 Twitter 的粉丝量或 YouTube 的订阅量，却又不想投入好几年的辛勤工作，我可以告诉你去哪里购买粉丝，只需要在网上点击几下并刷一下信用卡就可以做到。
- 如果你正为社交媒体帖子的互动不高而发愁，我可以告诉你去哪里花钱增加互动，确保你的下一个 Instagram 帖子将在 Instagram 探索页面上被看到。
- 如果你夜里梦见你的 Instagram 账号出现在人们的通知中，醒来时 Instagram 上真的有数百名新增的粉丝，我可以告诉你使用什么样的自动程序以及如何编程。

诸位，以上我分析的是作弊的策略，我不推荐这种方式。我一一试过这些策略，因为要传授增长黑客的做法，我自然需要了解作弊与增长黑客所得到的不同结果。请允许我接下来做进一步讲解。

在某种程度上，如果你想了解社交媒体和网络营销“游戏”的玩法，首先一定要知道，许多我们看到的事情实际上只是镜花水月，意思是，它们是假的。如果粉丝量和参与度没有转化为销售量的话，那些粉丝和参与互动的人数没有任何意义。曾在多家公司如 E-Trade、摩根大通（JPMorgan Chase）和万事达（MasterCard）担任首席营销官的尼克 · 厄顿（Nick Utton）在最新一期的《真心对话》中表示："一些媒体合作伙伴提到指标的时候，真的是满嘴跑火车。他们没有说出任何实质性的内容，很坦率地说，这些指标在纸上或者数字屏幕上看起来很棒，但其实毫无意义。"

不同的品牌看重的指标可能会有些不同。比如，一个非营利组织可能关心点赞的总体数量，这表明公众对于这些组织 090
的使命的认同度在增长。但一般来说，营销活动产生的收入和现金流是主要指标。然而，太多品牌方落入追求广告展示次数（impression）或粉丝人数等虚荣指标的陷阱。

厄顿说道："指标是关键，特别是硬性指标很重要，而很多软性指标一文不值。而我一向引以为傲的一件事是，我会亲自参与媒体的策划和优化以及执行阶段，即从终端到终端的营销流程（end-to-end marketing）。确保这些指标与我们的营销决策相匹配，这能说明决策的正确性。很多首席营销官并不了解硬性指标和软性指标，基本上会将这些指标分配给媒体中介、媒体策划和公司的采购部人员，坦率地说，他们不知道如何达成业务指标，因此，他们的决定并不是最优的。"

是作弊，不是赢

虽然像收入和现金流这样的指标往往是最重要的，但一些品牌方追求满足虚荣心的软性指标的原因是可以理解的。人们本能地会更愿意相信拥有大量社交媒体粉丝的人，而不是粉丝人数少于 1000 的人。我说的对吗？

然而，我在过去的十年里遇到拥有数十万 Twitter 粉丝的同行不计其数，不过，他们既不制作营销内容也不是优秀的知识传授者，实际上，他们也不知名。这些我们叫作关注数的假数字是那些只在乎关注数的人购买的。可悲的是，我们继续将数字影响力等同于官方认证和粉丝人数，而前者经常被用来识别名人的真实账号，但也有办法让不太出名的人拿到官方认证，而粉丝人数就像一个数字游戏，可以给人一种出名的假象。

每个人都有一颗成名的心，但如果成名心切到刷信用卡购
091 买假粉丝或机器人账号，而不是踏踏实实地建立忠实于自己的粉丝群，那就不是战略，而是欺骗，是行不通的。为什么这么说呢？因为这些假粉丝很少互动，最终也不会带来收入和现金流。就算在 Twitter 或 Instagram 上能购买 10 万个假粉丝，真正互动的却少于 100 人，这是没有任何益处的。除此之外，大多数用户能迅速发现有人购买了假粉丝。为了好玩，我就经常查看某些账号，虽然这些账号的所有者在 Facebook 上购买了 30 万个点赞量，或者在 Instagram 上购买了 10 万个粉丝，但是他们发布的内容经常只有两三条评论。他们作弊的目的是让受众认为他们很出名，但如果没有人参与互动，那就说明没有人注意他们发的内容。如果大多数公司或组织是通过“互粉”或者购买假粉丝的策略来“吸粉”，但是没有粉丝转化率的话，最终将不得不回答这样一个问题：“为什么我们的互动这么少？”所以，最好完全不要这么做。

向 20 世纪 80 年代的电子游戏致敬是社交媒体营销的欺骗代码战略。对于那些童年时代玩经典的任天堂或世嘉创世纪视频游戏的你们来说，当然会记得游戏一开始，就可以立即动手狂摁一系列的按钮或者跳过游戏的某些困难关卡。其实这样做的话，你的游戏过关技术并没有加强，你只是绕过了本来能让你在试错后变得更强、增加你的战斗经验的关卡。虽然你靠作弊在超级马里奥和塞尔达这样的游戏中赢了，但是你并没有完全领会游戏的意义。

增长黑客

我虽然不赞成欺骗，但是我很鼓励大家在适当的时候锱铢必较，更重要的是，要学会如何引起人们的关注。这就是增长黑客
的意义。除非你的公司能给你取之不尽的预算来购买 Facebook 092
广告和做那些一定会流行的炫酷玩意，我敢打赌，99% 的人还是采用增长黑客的做法来提高工作效率。有时候，你必须在别人犹豫不决的时候大刀阔斧地去做；有时候，你要冒险尝试一些新事物，明确地关注和尝试那些与你的投入相比能够产生巨大影响的新的营销策略。而正如尼克·厄顿在同一期《真心对话》中所说的，“马上认输”很重要。换句话说，测试新的战术和策略时，如果有些策略不奏效，要迅速改变策略。这是我过去十年来一直在做的事情，随着社交媒体的发展和新功能的引入，我将继续这样做。不断试错让我能够写下这本书，我引以为傲，并在世界各地演讲，将我的经验传授给大家。

我举一个亲身经历的增长黑客的例子。在 2008 年末全球金融风暴全面爆发的时候，我被裁员了，从那时起到 2015 年初，我一直失业，直到我在 LinkedIn 入职。

2008 年，当我和妈妈谈起我的职业状况时，她建议我加入一个当时不太知名的网站——LinkedIn，并表示这将是一个很好的资源。我妈妈接着解释说，她和我爸爸身为房地产经纪人，正在使用 LinkedIn 与人力资源专员建立联系，并协助医生们搬迁到佛罗里达州圣露西港。和妈妈谈及此事的同一天，我决定注册 LinkedIn。

坦率地说，我当时对营销或经营业务一无所知。但我看到了 LinkedIn 当时和现在的样子，它就像一座金矿，可以接触到与你

的职业或品牌目标直接相关的业务主管和决策者。

在注册了 LinkedIn 之后，我想到了一个可以借力 LinkedIn 的商业想法。于是，我决定为我当时的网站 JobsDirectUSA.com 注册域名，还购买了一个招聘网站的脚本并自学编程。虽然我的网
093 站并不完美，但我有了一个数据库，雇主可以付费在我的网站发布工作岗位，求职者可以在上面创建一个免费的个人资料文档，并上传他们的简历。要知道，在 2008 年，招聘网站领域的竞争对手是 Monster.com 和 CareerBuilder 等。后来，Indeed.com 也加入进来，我想办法将它们的工作岗位通过 RSS① 导入我的网站，这样我的网站就能提供数以百万计的招聘信息，但这个功能在我的网站运营后期才实现。

通过大量的 A/B 测试和试错，加上运用积极的电子邮件策略，我最终找到方法来提高新业务的知名度。有趣的是，直到今天我还会遇到一些人跟我说，在我的 JobsDirectUSA 时代，他们曾经收到我的电子邮件。

关于增长黑客，说白了就是：你不用在意别人对你的评价，而要一直专注于自己更长远的目标，这就是我所做的。

首先，我在 LinkedIn 上创建了一个名为 JobsDirectUSA 的群组，随后又创建了以几乎所有美国主要城市命名的群组（比如，“亚特兰大的工作岗位”“迈阿密的工作岗位”“纽约的工作岗位”等）。因为群组在平台和搜索引擎上也能被算法排序和索引，所以你必须给它们起一个标准的、可搜索的名字。当时，LinkedIn

① RSS (Really Simple Syndication) 是一种描述和同步网站内容的格式，是使用最广泛的 XML 应用。RSS 搭建了一个信息迅速传播的技术平台，使每个人都成为潜在的信息提供者。发布一个 RSS 文件后，这个 RSS Feed 中包含的信息就能直接被其他站点调用，而且由于这些数据是标准的 XML 格式，因此也能在其他的终端中使用。——译者注

给你两个选项——公开群组让任何人都可以加入，或者设为私人群组，版主或群组管理员需要筛选潜在成员，并手动批准每个成员加入群组。此外，LinkedIn 当时还有一个选项，当用户请求加入以及被批准加入你的群组时，平台会自动向他们发送电子邮件，类似于我们今天使用的 ClickFunnels[①] 或任何其他营销自动化平台。

在社交媒体的“游戏”规则范围内，我意识到可以利用这些功能来发展业务。我将每个 LinkedIn 群组都设置为私人群组，所以你必须请求加入，还会收到一封来自 LinkedIn 的电子邮件，邮件中设定好的脚本内容如下：

> 感谢您申请加入 JobsDirectUSA，这是 LinkedIn 上最大和最活跃的求职和招聘专业人士的组织之一。 094
>
> 在我们审查您的加入申请时，请访问 www.jobsdirectusa.com，将您的简历添加到我们的候选人数据库，数据库可供 1000 多家招聘单位搜索。您还可以在注册后，不限次数地搜索已发布的简历或工作机会。

被批准加入群组后，新成员会收到一封追加邮件，内容如下：

> 恭喜您加入群组！请在加入群组后向群组成员进行自我介绍。

---

① ClickFunnel 译为中文点击漏斗，是一个搭建互联网销售漏斗的收费软件，可以让使用者快速搭建一个跨境销售平台。——译者注

> 也许您已经这么做了，今天就访问 www.jobsdirectusa.com，注册成为求职者或者雇主，这将最大限度地提高您被发现的机会。

从技术层面来讲，这些邮件是 LinkedIn 发送的，比我作为一个人们不熟知的人直接给用户发邮件要好得多，这样做我能获得更多的初始合法性。从启动后的数周开始，在短短几个月里，JobsDirectUSA 的新增会员从每日 100 人激增到每日 1000 多人。之后，我将会员的电子邮件地址导入 CSV 文件①中，继而导入常用联系人，然后我利用电子邮件向他们群发邮件、推销我的服务，而这时受众更熟悉和信任我的品牌。

当时 LinkedIn 还有一个功能，你可以将邮件列表导入你的群组中，这样会触发 LinkedIn 向你名单上的电子邮件地址发送加入群组的邀请。

与此同时，我在 LinkedIn 上保持活跃的状态。我运营着 20 多个群组，来为我的网站引流和收集数据。我还是 LinkedIn 上
095 人力资源专业人士顶级群组的成员，我每天都会参与群组里的讨论，鼓励其他人加入 JobsDirectUSA。

终于有一天，我的网站上的注册会员超过了 10 万，而我存储了近 100 万个电子邮件地址，这些成为我在 LinkedIn 上增加人脉、在 Twitter 上吸引粉丝和在 Facebook 上添加好友的基础。每当我

① CSV（omma-Separated Values）文件是电子表格程序，CSV 文件中的每个新行表示一个新的数据库行，每个数据库行由一个或多个以逗号分隔的字段组成。CSV 文件通常由电子表格程序打开，以组成单元格或用于在数据库之间传输数据。——译者注

看到有机会收集一个电子邮件地址，将其上传到电子邮件列表并触发 LinkedIn 的发送邀请，我都会抓紧这个机会，而且总是邀请成功。

我很早就得出了一个关键结论：你自己获得的数据要远胜于从社交网络上“租”来的数据。

在推出我的招聘网站 6 个月后，我在杰克逊维尔市中心的一家马提尼酒吧举办了我的第一次粉红纸条派对[①]。那时，全国各地都出现了粉红纸条派对，为需要找工作的专业人士提供与招聘方和未来雇主见面交流的机会。我策划的第一场粉红纸条派对不仅被 CNNMoney 进行了专题报道，而且还被地方媒体广泛报道，这吸引了超过 300 人来参加我举办的第一场活动。那么，我是如何做到的呢？我利用 Twitter 向当地新闻媒体推介说，JobsDirectUSA 将举办一次免费活动，帮助当地受裁员潮影响的专业人士。虽然我当时对处理公共关系的了解有限，但直觉告诉我，如果一家新闻机构在 Twitter 上设有账号，那么后台很可能会有人回应，由此我开始自我宣传和向当地新闻机构进行自我推介。

与我创建 LinkedIn 群组来挖掘数据和增加粉丝数量的策略类似，我在 Facebook 上也尝试了同样的方法，创建了一个专门针对粉红纸条派对的群组，为各地需要找工作的专业人士服务。我看到了人们需要并重视的服务，同时这种服务针对一个小众群体，所以我在这两方面都做了努力，并尽力做到最好。

---

① 粉红纸条派对（Pink Slip Party）是指为被解雇的专业人士与所在领域的公司招聘人员举办的筹款会或聚会。——译者注

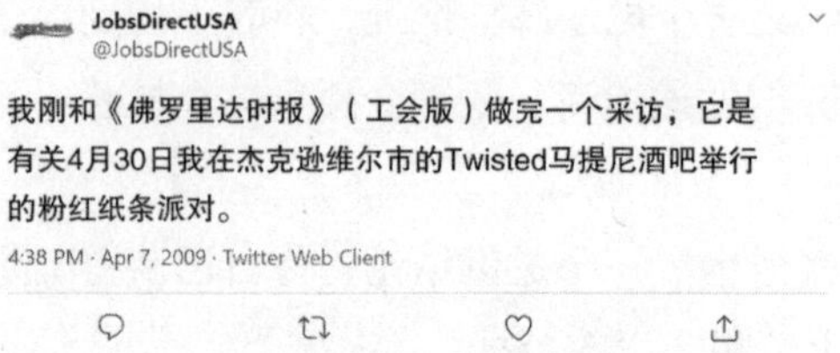

JobsDirectUSA
@JobsDirectUSA
我刚和《佛罗里达时报》（工会版）做完一个采访，它是有关4月30日我在杰克逊维尔市的Twisted马提尼酒吧举行的粉红纸条派对。
4:38 PM · Apr 7, 2009 · Twitter Web Client

096 图6–1　在Twitter上进行自我宣传的例子

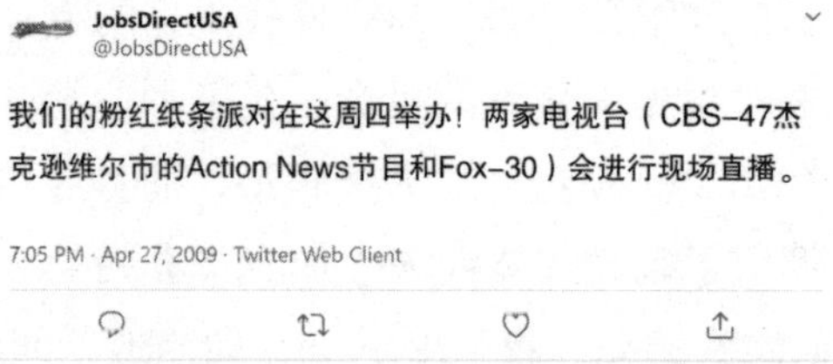

JobsDirectUSA
@JobsDirectUSA
我们的粉红纸条派对在这周四举办！两家电视台（CBS–47杰克逊维尔市的Action News节目和Fox–30）会进行现场直播。
7:05 PM · Apr 27, 2009 · Twitter Web Client

图6–2　在活动宣传时带来附加值并制造兴奋点的例子

JobsDirectUSA
@JobsDirectUSA
回复 @pbacgrad。路易斯，你好。Jax Chamber 的 Ashley Smith 让我跟你联系，我们需要你帮我们向公众宣传我们的粉红纸条派对。
5:27 PM · Apr 28, 2009 · Twitter Web Client

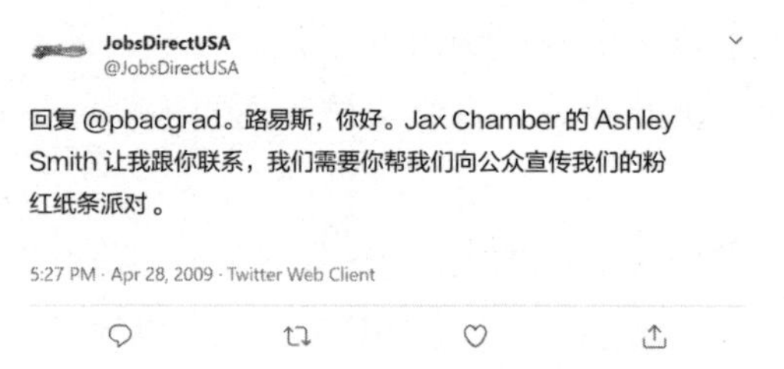

图6–3　利用Twitter向个人发出直接行动邀请的例子

最终，有关粉红纸条派对的报道越来越多，活动规模也越来越大。我记得在佛罗里达的奥兰多主持过一个粉红纸条派对，虽然当天烈日炎炎，但是在活动开始以前，人们就在场地外排起了长龙。人们都急于找工作，而这些活动给了他们希望。事情向好的方向发展，但是 2009 年对于我来说困难重重，形势依然严峻。在我失业一年后，我知道如何利用 Twitter 来吸引大众的目光，并 097
且发现 Facebook 作为营销渠道的潜力仍然没有被发掘。在我付出了许多努力并经历无数个不眠之夜以后，我懂得的越来越多。这就是为何我在今天会忠告人们不要只被光鲜的数字所吸引，而是应深入理解平台的运作规律，这比无价值的粉丝和互动更有意义。

图6–4　跨平台发出直接行动号召（如加入一个Facebook群组）的例子

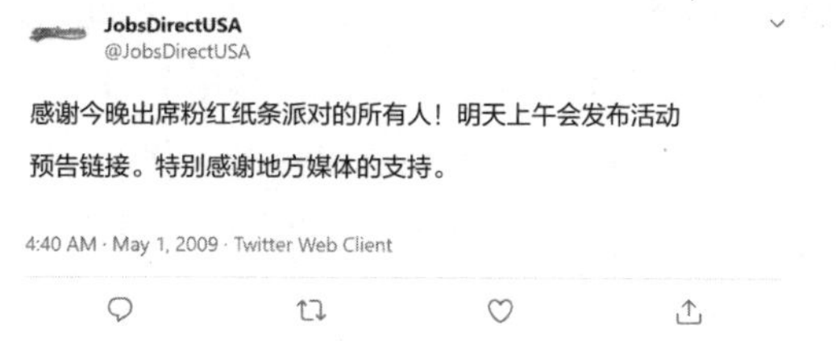

图6–5　利用未来发布的一个活动预告来和粉丝互动的例子

我的工作是帮助人们找到工作。通过打造一个高度互动的粉丝群，我终于引起大型企业的注意，这为我的业务带来了更多的收入和现金流，这些关键指标起了作用。比如，通过

JobsDirectUSA 和我自己不断成长的个人品牌，Winn-Dixie 成为我
098 的客户，我为其在社交媒体上推广企业招聘会。

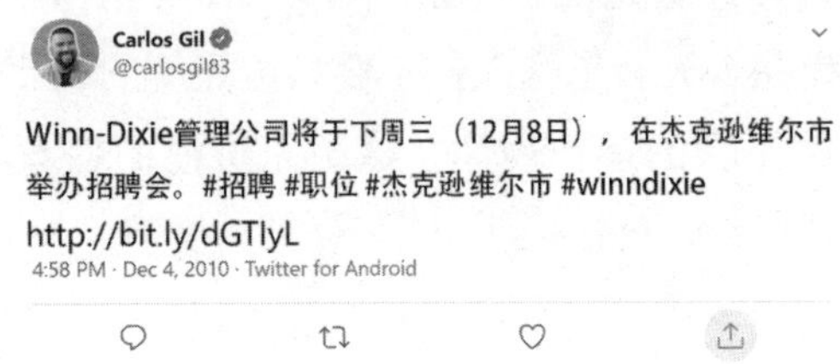

图6–6　帮客户进行活动推广的例子

时间快进到 2015 年 3 月 16 日，这是我在 Linkedin 工作的第一天，我在加州山景城（LinkedIn 的总部所在地）参加新员工培训。我曾经在经济衰退时期借助这家公司创业，而它现在成了我的雇主。按照 LinkedIn 的惯例，新员工必须向同事做自己介绍，说明个人情况，分享一件没有在 LinkedIn 个人简介上列出的事情。这一天，LinkedIn 的 CEO 杰夫 · 维纳（Jeff Weiner）也在现场。轮到我时，我分享了如何不花一分钱，利用 LinkedIn 群组打造一家创业公司的经验。虽然我在 LinkedIn 的工作时间很短，但是我永远可以宣称，增长黑客不仅帮助我创业，让数以千计的专业人员得以重返工作岗位，而且让我在逆境中重塑自我。我也利用增长黑客使自己被其他大品牌聘用，如 Winn-Dixie、Save-A-Lot 和 BMC Software。

增长黑客适用于那些没有大笔营销预算的自营企业主。在一个拥挤的网络世界里，对于那些有充足营销预算的企业来说，增长黑客策略也是必须实施的，尤其是在无法扩大员工规模、广告

预算也受限的情况下，企业还要推动各项绩效考核目标和获得业务成果。

关键在于，如何运用已有的资源来尽可能地吸引更多的注意力。一旦你知道了“游戏”规则，就会更加如鱼得水。无论你的 099
目标是获得更多的视频浏览量，还是像我曾经在 LinkedIn 平台上那样获取珍贵的数据如电子邮件地址和电话号码，现在就开始在你的社交媒体营销组合中实施增长黑客策略吧。

正如你在第四章中所学到的，Facebook 是巨人歌利亚，而你是大卫。你不能指望轻松地征服这个平台，相反，你需要了解与你的品牌相关的平台的细微之处，并以此为基础来制定增长黑客策略。把 Facebook 想象成一个赌场，小赌怡情，但是如果违反赌场规定（如无节制地在 Facebook 发布广告），你肯定会输。好消息是，你现在可以转向几个战略领域，在 Facebook 和其他社交媒体上运用增长黑客策略。

Facebook 群组

虽然 Facebook 群组不提供 LinkedIn 群组曾经提供的强大的营销自动化功能（LinkedIn 后来也删除了该功能），但你仍然可以使用 Facebook 群组为你的企业挖掘潜在客户。我喜欢 Facebook 群组的主要原因是，它们似乎是在 Facebook 上能有机覆盖新闻源的最后一块“阵地”。因为一个群组是一个数字社区，一旦加入，当其他人在该群组发布信息时，你就会在新闻源收到更新消息，即使严格来说，你并不是信息发布人在 Facebook 上的好友。

与 Facebook 群组相关的关键举措是创建一个社群而不是把 Facebook 群组当作销售渠道，这对于想立即赢利的人来说可能很棘手。看一下你的企业或所在行业是否已经在 Facebook 上建立群组。假设这一行业仍未过度饱和，我的建议是创建一个与你的社群或行业相关的本地的 Facebook 群组。比如，如果你是一个房地产经纪人，建立一个 Facebook 群组，并起一个直接明确的名称，如“× × 房地产经纪人在 Facebook”。我不太在意其他群组是否与我的群组的名字关联，因为你的主要目标是让人们
100 加入你的群组。一旦他们加入，你就可以更容易地与他们取得联系，而不是依赖传统的新闻源。在群组命名时使用更通用的名称和关键词，将有助于人们在 Facebook 和 Google 发现这个群组。一旦创建了群组，一定要设置筛选器问题，这是对请求加入的用户的要求。我曾经看过的筛选器问题包括“你的电子邮件地址是什么？”“你的电子邮件是加入这个群组的必要条件”或者“你有兴趣了解更多关于 _____ 的信息吗？请在下面留下您的电子邮件地址”。你可以自定义最适合自己的筛选器问题，要记住设置筛选器问题不仅可以用来审查成员的资格，而且可以帮你获得有价值的数据，并有可能让用户采取进一步的行动，比如访问你的网站。

如果创建一个 Facebook 群组对你来说太过烦琐，或者你没有机会来建立一个新的群组，你可以选择加入与行业或主要业务城市相关的群组。虽然你不想显得过度宣传，但可以在这些群组里找机会介绍自己。比如，我并不避讳使用其他人的 Facebook 群组来分享我的在线课程链接、我自己的 Facebook 群组地址，或者视频内容的链接。如果你有时间和耐心去建立或加入 Facebook 群组，那么你需要实际参与并进行有意义的对话。提升个人品牌影响力的最有效的方法是参与讨论或分享相关内容，从而为这些群组带来价值。

LinkedIn 群组

继续来说群组。虽然这些年来，作为 LinkedIn 群组的群主能做的事情已经发生了巨大的变化，但加入一个 LinkedIn 群组仍然有很大的价值，比如成为所有群组成员的间接联系人，也就是说，101
只要和我进入同一个群组，你现在就可以给我发消息，因为我们都是同一个群组的成员。这是一个很好的变通方法，也是增长黑客的其中一种做法，这样你不必依靠 LinkedIn 销售导航或购买高级账号来寻找与你业务相关的用户。因为 LinkedIn 允许用户最多加入 50 个群组，我建议你加入 50 个不同类型的行业群组、地方群组以及目标受众的专业行业及协会群组。2008 ~ 2011 年，我一直是 LinkedIn 上最著名的人力资源专业人士群组的活跃成员。和在 Facebook 上一样，当涉及自我宣传的内容时，你要保持谨慎的态度，但是一定要把这些群组作为参与讨论和进行社交的机会。还有一个需要了解的增长黑客做法是，大多数 LinkedIn 成员会选择接收邮件通知群组信息，这意味着如果你开启了一个群组内的讨论，你的邮件就会间接被发送到其他群组成员的邮箱。而任何时候，只要有人对该主题进行评论，所有群组成员都会收到电子邮件通知。

Facebook 观看派对

你想知道在社交媒体上进行病毒式传播的秘密是什么吗？那就是在发布营销内容的头几个小时内就尽量获得大量的互动和浏览量。而获得互动的方法之一是举办 Facebook 观看派对（Facebook Watch Party 是多人共同观看视频的功能）。自从 Facebook 推出这一功能后，它就成为我的“秘密武器”。这个功能允许一组受众同时观看一段视频内容，或由你编排的包含几个视频的播放列表。通过 Facebook 观看派对，我能够在视频发布后的一个小时内获得数以千计的浏览量，而且都是免费的。它的工作方式是，首先你要加入与你相关的行业群组，而这个群组必须启用 Facebook 观看派对功能。举例来说，如果有一个群组包含 10 万多名成员，并且已启用 Facebook 观看派对功能，那就加入这个群组吧。接下来，先把视频发布到自己的 Facebook 页面，再进入
102 你的群组，并启用 Facebook 观看派对功能，这时，Facebook 会通知所有的群组成员，成员们会观看你的视频。就算成员们只观看了几秒钟，也算作你的视频的浏览量，而且这些浏览量都是免费获取的。我唯一要提醒你的是，要限制发起 Facebook 观看派对的次数，如果滥用这个功能，会被 Facebook 暂时禁止在群组里发言。

在平台上创建博客

我到现在都不明白，为什么这么多人喜欢重新创建一个博客，而不是利用平台内置功能，后者不仅能极大地优化搜索引擎，而且你还不用担心被平台发现向外引流。LinkedIn 在个人简介里有博客选项，而你在 Facebook 的商业页面可以使用 Facebook Notes。除此以外，如果你想写博客，却不想手动设置 WordPress 博客模板的话，Medium.com 也是一个很好的选择。在平台上创建博客，你可以给社交网络用户带来他们迫切想要的内容，而你也能够受益于让平台用户直接在社交网络中阅读你的内容，并且可以直接把内容分享到他们的社群。因为你是博客的创作者，任何人看到你发布的博客后都可以很方便地立即关注或添加你为好友，而无须点击离开平台。另外，如果你的 LinkedIn 或 Facebook 上有更多链接，对于优化搜索引擎是有优势的。

如何构建内容以获得最大的参与度

这么多年来我学到的是：你的帖子越短，用户观看你的视频或点击你的网站的可能性就越大。然而，这一切都取决于你如何表达。我的建议是：保持开放性和挑战性，像对话一样。比如， 103
为了在帖子中表示希望有人做出回应，我会用一个问题来引导，比如“谁想要一本我刚出版的关于社交媒体营销的电子书？”当我在社群里提问的时候，有200多条评论，而在电子书发布的那天，我直接把电子书的下载链接作为一个独立的帖子发布，却几乎没有任何互动。提出开放性问题，但也要有相应提示，比如“很想听听你对这个视频的看法”或“你不会相信发生了什么”。希望你能明白，将你的帖子构思得简短是多么的重要。太多人把 Facebook 或 LinkedIn 上的帖子当成博客或者广告，这就把事情搞砸了。

打造 Instagram 和 Twitter 互动小组

我越是探索增长黑客的世界，就越意识到：很可悲的是，我们看到的许多互联网超级明星、名人和网红利用以下一种或者所有方法积累了众多的粉丝。这些方法包括购买粉丝、购买参与度或者利用互动小组分享内容。互动小组是存在于 Instagram 或 Twitter 的私人群组，在 Instagram 上每个互动小组最多有 20 名成员，而在 Twitter 上的互动小组则最多有 50 名成员。每当互动小组的成员要发布新帖子时，他们就会首先把要发布的帖子分享到互动小组中，其他成员则点赞和评论这些帖子。由于互动小组的成员都有一定影响力，通过获得其他成员的点赞和评论，成员能够快速提高帖子的阅读量并增加互动，这是由于一部分忠实粉丝会自动给关注的大 V[1] 点赞，而其他成员因为看到原帖有大 V 参与而觉得有必要参与点赞和评论。这是一盘大生意，代理商、明星经纪人和品牌方都在寻找最大的投资回报率，该回报率是以广告的展示次数和阅读量而不是美元来衡量。我本人也参加
104 了几个 Instagram 的互动小组，但除了偶尔得到一句“不错的文章”和一个“赞”之外，对提高我的品牌知名度几乎没有什么作用。

然而，这并不是说互动小组本身不好。通过打造真实的社群，而不是为了扎堆收集点赞量和评论，才有可能提高营销的效果。举例来说，这些年我在 Instagram 上创建了很多互动小组，比如“媒体”互动小组，我会在那里有选择地将发布的内容提供给大众媒体，又比如“努力自强”互动小组，我会在这里分享我的语录体帖子以及行业小提示。我个人认为，我创建的最有趣的互动小组是在 Twitter 上称为“Twitter 50”的私信互动小组，我会随机挑选 50 名 Twitter 粉丝，把他们组合在一起，然后观察他们之间的互动。我会有选择地分享恰当的内容，而不是过度地自我推销。我参与的最令人激动的互动小组是由 LinkedIn 的有影响力的大 V 组成的，但讽刺的是，他们是利用 Facebook 的即时通信工具小组（Messenger Group），来分享 LinkedIn 上的帖子。

利用机器人自动回复

Twitter 和 Facebook 正一点点地切断它们宝贵的应用程序接口（Application Programming Interface，API），以堵塞增长黑

---

① 大 V 又称网络大 V，指身份获认证的网络意见领袖。——译者注

客的入口。因此，任何时候当你需要使用与用户互动的自动化工具时，务必谨慎。我曾从 iOS 商店里下载了一个名叫 Cleaner 的工具，这个工具可以有效地清除或取消关注我之前关注过的 Instagram 账号，这些账号要么不关注我，要么不活跃，或者因为没有积极地与我互动被归类为“幽灵账号”。多年来，我一直在 Twitter 上使用 ManageFlitter 的服务来做同样的事情，直到 Twitter 切断了这个程序的应用程序接口。现在，你可能想知道为什么我那么在意我关注的是谁以及关注人数。好吧，我对互相关注这件事的口头禅是：如果我在关注你，但你没有关注我，那么我为什么还要继续关注你呢？要知道作为一名市场营销人员，我明知注意力就是一种货币，在你不关注我的情况下当然不希望你在我的主页出现，而我可以积极地把这个位置让给 105
那些更有可能去买我的书、浏览我的内容并与我对话的人。现在，我把我的 Instagram 关注量限定在约 300 人，他们与我积极地互动。

机器人的使用在社交媒体营销人员当中颇具争议。首先，在 Facebook 上各品牌方使用的自动客服机器人与在 Instagram 上自动进行评论的机器人截然不同。我在此诚实地披露，多年来，我在 Twitter 和 Instagram 上都使用了各种类型的自动客服机器人，比如清理机器人，因为这些机器人帮助我做了一些琐碎的工作，如果没有它们，我需要花好几个小时来完成那些琐碎的工作。SocialOomph 是另一个自动化工具，它的工作内容包括自动发布内容以及把简易资讯聚合的摘要内容导入个人页面的时间线。它可以节省很多时间。如果你能找到一个好用的工具，帮助你实现私信的自动化，不妨试试。使用自动回复功能的关键在于，不要让你的自动回复私信过于直截了当，成为销售的幌子。你需要利用“谢谢你关注我！你是做什么工作的？”之类的开场白来开启一段对话。

机器人就是如此，只能按程序来做事，以节省你的时间。机器人也好，虚拟助理（Virtual Assistant）或员工也好，都没什么差别，都是能帮助你分担一些任务。

你现在已经看完了本书的一半内容。希望到现在，你已经学会了如何在社交网络的限制下，更有技巧地参与这场“游戏”，我们说的是使用增长黑客的做法，而不是作弊。社交媒体可以提供巨大的力量，也是一盘生意，这意味着你在与数百万像你一样的用户竞争。请记住，如果你没有和你的顾客交谈，很有可能别人会这么做。整本书的目的是让你明白，我们以前所知道的传统营销方式已经不适用于当今时代。过去行之有效的做法，现在不再起作用。要想在这场“游戏”中保持竞争力，并最终脱颖而
106 出，你需要更人性化，更贴近你的目标受众。为了获得灵感，我
建议你参考那些正在吸引你的注意力的品牌，并思考那些具体的
人，无论是名人、你的朋友甚至是你自己是如何使用社交媒体和
107 参与网上互动的，因为这是品牌方在未来需要参考的发展方向。

第七章

向社交网络红人学营销

如今的网红都是网络上的真实人物。他们自己就是品牌，很多经验可以供企业借鉴。

不过，我并不支持网红营销。基于以下原因，我认为网红营销是行不通的。

- 网红只能在短期内创造品牌相关性，其作用就像一块创可贴。
- 网红无法真正影响受众去购买品牌商品。他们所做的是让他们的社群对带了品牌方话题的帖子点赞，从而提升参与度，让品牌看起来在社交媒体上的曝光率大增。
- 众所周知，许多网红会购买粉丝和参与度（参与度体现在点赞、评论和转发帖子等），或者让互动小组里的其他人点赞、评论或转发新帖子以提高帖子的热度。
- 粉丝只忠于拿了广告费的网红，而不是付费的品牌方。这又回到了第一点，网红为品牌代言只是一个临时的解决方案，而不是长期的营销策略。

网红营销是一种懒惰而低效的营销方式，对于品牌的发展几乎没有任何作用。说实话，很少有网红营销能真正起到促进销售的作用。标榜自己为网红的内容创作者想让品牌方相信，他们可以超额完成包括销售在内的各种绩效考评指标，看起来好像他们正在提高品牌的参与度，但事实上，他们只是和平台博弈。正如我在第六章中所说的，这一切都是镜花水月。

我对网红营销持批评态度，尽管这种态度会伤人。但是我希望看到这篇文章的营销同行能明白，每个品牌方都有能力做到像网红一样。品牌方和网红使用的工具都是一样的，网红能做的事情，品牌方也能做到。坦率地说，品牌方早就拥有为其工作的同样有影响力的人，他们就是员工，同时还拥有每天购买其商品的同样有影响力的人，他们就是顾客。而作为市场营销人员，你可以运用网红营销的方法并做得比任何你的公司花钱请来的代言人都要好。在本章，我会教你适用于社交媒体时代的营销方法。

20 世纪 90 年代初，MTV 上有一档名为《真实世界》（*Real world*）的节目，这档节目是我们今天所说的真人秀节目的前身。当时，《真实世界》节目可谓是革命性的，因为它让观众看见当一群普通人没有什么目的和应办事项而共处一室的情景。而该节目中的“明星”既不是演员，也不是名人，但因为他们在电视上被数百万观众看到而受益。在很多方面，他们相当于今天的 YouTube 明星或社交媒体上的网红。在《真实世界》播出之后的十年里，我们开始看到新一波真人秀节目兴起，从《钻石

求千金》[1]、《老大哥》[2]、《幸存者》[3]，到2007年首播，至今仍无处 110
不在的系列《与卡戴珊一家同行》[4]。如果没有真人秀节目的崛起，我们可能不会喜欢在 Instagram Stories 上观看普通人的日常生活，或者他们在 YouTube 上通过 Vlog 记录他们昨天做了什么，或者去看他们在 Facebook 上倾诉的心里话，供世人消费。

而真人秀节目及其中普通人的走红意味着我们已经进入了“营销的真人秀时代”，这正是广告和讲故事的交汇点。

21 世纪初，如果想直接接触名人几乎是不可能的，除非你认识什么人。而 Twitter 改变了一切。

尽管 YouTube 和 Facebook 受到很多赞誉，但是 Twitter 并没有得到足够多的认可。创立于 2006 年的 Twitter 让平台上的每个人之间只有一人之隔，达到了全新的“可接触程度”，这是以前或至今为止其他社交网络没能做到的。在 Twitter 上，几乎每一个

---

① 《钻石求千金》（*The Bachelor*），或译作《钻石王老五》，是美国的一档电视真人秀约会游戏节目，自 2002 年 3 月 25 日开始在美国广播公司播出。该节目已在世界各地播出并制作成当地版本。——译者注

② 《老大哥》（*Big Brother*）是一档电视真人秀节目。它于 1999 年首先在荷兰播出，至 2017 年已有超过 54 个国家和地区有自己的《老大哥》节目。在节目中，参与者被称为房客（或室友），他们共同住在一间专门建造的房子中并与外界隔离，一举一动皆会被房子里的摄像机监控，所说的每一句话也会被记录下来。房客们会陆陆续续地被投票淘汰（通常为一周一次），直到最后仅有一人留下，此人即为赢家并获得奖金。——译者注

③ 《幸存者》（*Survivor*）是一档电视真人秀节目。在这个节目中，参与者被限定在一个特定的环境下依靠有限的工具维持生存，并参与竞赛，最终胜出者将赢得 100 万美元的奖金。《幸存者》参照了一个瑞典成功的电视节目《鲁滨孙探险》。——译者注

④ 《与卡戴珊一家同行》（*Keeping Up with the Kardashians*，通常缩写为 *KUWTK*），是一部美国真人秀电视剧，2007 年在 E！有线电视网首播，节目主要讲述金 · 卡戴珊和詹娜两个家族成员的个人和职业生活。这个节目是美国国内播出时间最长的真人秀电视剧之一，第十八季于 2020 年 3 月 26 日首播。——译者注

字都是为了让公众阅读与搜索。

作为一个社交媒体，Twitter 的精髓在于内容简短、容易理解、直接和切中要点。搜索方法简单到只需输入某人的名字或 @ 用户名，而利用 # 话题可以搜索分类内容，这在当时是个很新鲜的做法，被名人和他们的粉丝所追捧。各大品牌进驻 Twitter。

《与卡戴珊一家同行》的疯狂流行极大地提高了金·卡戴珊当时的知名度，作为媒体人和企业家的金·卡戴珊在 2009 年 3 月成为第一批加入 Twitter 的知名人士之一。至今，金·卡戴珊在 Twitter 上有超过 6000 万粉丝，在 Instagram 上也有 1.33 亿粉丝，在 Facebook 上积累了 2900 万的点赞量。她的受众人数比世界上绝大多数的大型企业还多。

很多人觉得，如果你姓“卡戴珊”，还嫁给了坎耶·韦斯特，你就已经是名人了。在社交媒体上提升名气，把知名度转化为收入，这简直是一件水到渠成的事情，因此，把金·
111 卡戴珊和消费品牌相比较是不现实的。不过，金·卡戴珊确实是一个品牌。所以我们来分析一下她的社交媒体活动，看看她在哪些方面做对了，而这些方面大多数公司根本没有做到。

首先，金·卡戴珊是一个真实的人。看一眼她的 Twitter 或 Instagram 账号，就会发现关于她及其家人的视频。而公司的首席执行官上次什么时候在社交媒体上发布他或她周末做什么？这就是之前说的在社交媒体上像个真实存在的人一样与他人沟通。人们更喜欢能让人产生共鸣的和真实的营销内容。

其次，金·卡戴珊与粉丝互动。金·卡戴珊利用社交媒体与粉丝互动，然而大多数公司每天为是否回复 Twitter 和 Instagram 私信而纠结。如果你想扩大粉丝群的规模，就需要让那些关注你的人觉得被重视，以便他们在自己的社交圈为你宣传。

最后，金·卡戴珊是一个精明的女商人，在摄像机不拍摄的时候，她找到了完美结合在社交媒体上展示真实自我与聚焦于自己的商业活动和产品这两者的方法，展示真实生活让她的粉丝和社群成员对她的感觉更亲切。当她尝试销售口红等产品时，她和她的亲朋好友会试用产品，同时提供有时间限制的折扣，过期无效，从而产生紧迫感和专属感。有一次，她拍摄妹妹科特尼（Kourtney）使用某产品，在 Twitter 直接上传了这个视频，就像你会期待一个 YouTube 上的美妆博主所做的一样，还附上了购买链接。

金·卡戴珊的做法是一个很好的例子，品牌方可以从中学习商业实体如何在社交媒体上变得更加真实和容易接近。然而，如果你想学习如何成为一个更会讲故事的人，没有人比哈立德·穆罕默德·哈立德做得更好。他的艺名是 DJ 哈立德。

如果你从来没有听说过 DJ 哈立德，现在就暂停阅读，打开 YouTube，搜索“DJ Khaled Snapchat”，就可以看到我接下来阐述的背景，因为在社交媒体上，除了金·卡戴珊以外，没有人比 DJ 哈立德发布内容的浏览量更多了。 112

究竟是 Snapchat 成就了 DJ 哈立德，还是 DJ 哈立德成就了 Snapchat，尚有待商榷。但事实是，DJ 哈立德似乎直接从一个嘻哈 DJ 变成了一线媒体大亨、《纽约时报》畅销书作者和著名品牌发言人，而这一切都归功于社交媒体。

2015 年，Snapchat 作为 Facebook 的替代平台开始受到关注，并在年轻的千禧一代和大学生中疯狂流行，他们不想发布和 Facebook 上面一样“永远”存在的内容。Snapchat 这个平台着重“讲故事”，而这与 Facebook 和 Twitter 不同，Facebook 和 Twitter 都有一个主页，你可以发布基于文本的内容，而 Snapchat 的内容是以静态图像的形式呈现的，它只会在终端用户的手机屏幕上出现数秒钟，或者以一段10秒的视频的形式出现。我们可以把Snapchat看作“Twitter与YouTube的结合体”。上面的内容主要是直观和简短的，旨在让用户能定期回来观看更多的内容。

2015年12月的一个晚上，DJ哈立德乘坐水上摩托艇出海，结果被困在了海上。他用Snapchat记录了这一切，从而让平台陷入疯狂，并创造了Snapchat有史以来第一个爆红视频。

从那一晚开始，DJ哈立德的传奇开始了。似乎一夜之间，网络上关于DJ哈立德的话题就从没断过。从杂志封面到网络上的模仿秀，他无处不在。在他迅速走红之后的几天、几周和几个月里，DJ哈立德的每张Snap快照都有300万~400万的浏览量（Runcie，2017）。在这个过程中，DJ哈立德教会了我们如何讲好日常故事，以及如何使用一种新的营销语言。

从“重大关键警报（major key alert）”，到“他们不想让你赢（they don’t want you to win）”，再到“上帝保佑（bless up）”，DJ哈立德的话成了无处不在的流行语。他这些短语成为炫酷流行语的新标准，人们在社交媒体上经常使用这些流行语。尽管我在社交媒体上关注的名人不多，但是我每天在社交媒体上看DJ哈立德看得上瘾，怎么看都不够。品牌方也注意到这一点。DJ哈立德
113 在社交媒体上的人气暴涨。

植物奶品牌Silk聘请DJ哈立德用自己的Snapchat账号做了一个传统的电视广告。实际上，DJ哈立德并不是最帅的，也不是最能言善辩的，但他让我们在生活中做出更健康的选择。

2018年，Weight Watchers① 聘请DJ哈立德为品牌大使，这

---

① 体重观察员（Weight Watchers）是一家健康减肥的咨询机构，1963年由一位减肥成功的美国家庭主妇珍·尼德奇（Jean Nidetch）创建，这个机构的总部位于美国，在全球20多个国家有分公司。——译者注

让它的股价在一天内上涨了8%。帕玛氏可可脂（Palmer's Cocoa Butter）和DJ哈立德签下代言合约，让DJ哈立德教我们保养肌肤。接下来Turbo Tax在线报税软件活用了DJ哈立德的人气和招牌口号"rise up, bless up"[（报税人数）上升，上帝保佑]，把DJ哈立德变成了报税的代言人。千万不要忘记报完税后来一杯苹果味的Ciroc伏特加。

DJ哈立德的成名怎么想都不科学，但一个人在网上增长人气则是有科学依据的。

K-Swiss（盖世威）聘请加里·维纳查克担任其签名运动鞋的代言人。三星请YouTube红人凯西·奈斯塔特（Casey Neistat）①做他们公司的代言人。帝亚吉欧（Diageo）②和Intuit Inc.③请DJ哈立德做代言人。耐克请篮球运动员勒布朗·詹姆斯（LeBron James）做代言人。这些公司签下这些代言人都有共同的考虑——他们能引起消费者的注意。

人们喜欢看到名人像普通人一样行事，"这也是人们对明星工作团队的要求"，索霍斯传媒集团的首席执行官和联合创始人格雷格·加兰特在最近一期《真心对话》中说："Snapchat和Instagram等社交媒体上的故事比以前更真实。这也是这些社交媒

---

① 凯西·奈斯塔特是一位美国纽约的油管主、微电影制作人和社交软件BEME的创始人。——译者注

② 帝亚吉欧是一家英国跨国酒精饮料公司，总部位于伦敦。它是世界最大的蒸馏酒生产商，也是重要的啤酒及葡萄酒生产商。Diageo旗下品牌包括斯米诺、尊尼获加、百利甜酒及健力士。Diageo的白酒品牌则包括水井坊。此外，Diageo拥有酩悦·轩尼诗34%的股权，后者旗下品牌包括酩悦香槟、凯歌香槟及轩尼诗。——译者注

③ Intuit Inc.是一家总部位于美国加利福尼亚州山景城的跨国计算机软件公司，主要研发金融和退税相关的软件。其较著名的产品包括Quicken、TurboTax和QuickBooks。——译者注

体成功的秘诀。”

作为消费者，我们已经看腻了、听腻了品牌方使用相同的营销套话。当你的主页的某个人，不管是名人还是普通人，与你在社交媒体上建立某种联系，这便就是营销的魔力。我们感觉矛盾的是，我们渴望刺激和新鲜感，但又喜欢让我们感觉熟悉的一切。

DJ 哈立德通过 Snapchat 和 Instagram Stories，似乎培养了我
114 们对不间断内容流的渴望。回想一下，工作日的下午 5 点，每个公司会发生什么事情？在你最喜欢的公司里，员工都下班回家了，因此，他们在社交媒体上消失了，就像 Snapchat 的帖子一样，这就是为什么每个品牌方都应该更像 DJ 哈立德，而不是摆出一副官方面孔。

在营销领域，公司开始雇用员工作为图像型故事的讲述者。认为公司有足够的营销预算来聘请网红或者像 DJ 哈立德这种级别的网红来为公司代言是不现实的。然而，如果你已经给营销经理支付了 65000 美元的年薪，为什么不把这个人变成你公司 Instagram 的代表呢？我会更愿意在网上关注一个我知道会和我互动的品牌，而不是一个商标。谁愿意听一个商标“讲话”呢？没有人愿意。

在本章的开头，我说“网红营销是行不通的”，因为它确实行不通，但我想向大家解释的是品牌大使。你不需要网红，你需要品牌大使，他们符合你的目标顾客设定，他们有可能就是你的目标顾客。品牌大使是指那些能够以真实和亲切的方式与社交媒体受众建立联系的人，因为他们体现了你的公司的价值。

网红和品牌大使的区别在于，前者是指在社交媒体上有

影响力的人，他们会在短时间内收费推广你的品牌或产品，而品牌大使是指你付费使其在长时间内成为公司的代言人。如果有更多的品牌方聘请内容创作者为品牌大使，这种营销方式更真实，那么我会改变对网红营销态度，我相信顾客也会。你觉得呢？

说实话，除了作为临时提高社交网络参与度的“创可贴”以外，网红还能填补品牌方的一项空白——内容。

大多数品牌方努力创作内容，特别是讲故事，因为故事出自
品牌，所以内容必须独特。个人创作的内容，就算是像金 · 卡戴 115
珊和 DJ 哈立德一样推销，也让人感觉自然。这就是为什么当你分析网红给品牌带来什么价值的时候，其实有价值的不是他们的粉丝，而是他们的人物形象。一个有市场价值的人物形象并不是每位市场营销人员或企业家天生就拥有的，和其他的才能一样，需要经过一段时间才能获得。所以我预测公司会开始雇用善于讲故事的人。

2018 年最受欢迎的歌曲之一是德雷克（Drake）的 *In My Feelings*（《我感觉》）。在 YouTube 上，*In My Feelings* 的 MV 已经有 1.87 亿次的点击量，并且点击量还在不断增加。同时，这首歌能这么流行，还多亏一位名叫 Shiggy 的喜剧演员在 Instagram 上发布的视频，他在 Instagram 上制作了一段他随着这首歌跳舞的视频。后来这段视频被广泛传播，并引发了“In My Feelings 翻跳挑战”的轰动效应。

就像 DJ 哈立德如今在 Snapchat 上的水上摩托艇快拍一样，#InMyFeelingsChallenge 形成了病毒式网络传播，从名人到真人秀明星，再到“普通人”都跳起了同一支舞，加入挑战。为了说明这个挑战的受欢迎程度，Shiggy 在 Instagram 上发布的原始视

频至今已有超过 700 万的浏览量，而沃尔玛在 Facebook 上拥有 3400 万粉丝，并且是世界上最大的企业之一，当它在 Facebook 上发布一年一度的“黑色星期五特卖”帖子时，仅有 200 多的点赞量，而“黑色星期五”是沃尔玛一年当中销售量最大的购物日之一。

那么，你是想像德雷克和 Shiggy 一样，让人们在社交媒体上谈论你呢？还是想像沃尔玛一样，虽然是大品牌，但是其营销内容没有同等的浏览量和参与度呢？

今天的名人和网红已经发现，成功的关键是提高粉丝的参与度，这已经不是什么秘密了，这不仅能带来人气，还能让粉丝接受他们的推荐。

在社交媒体上获得成功的五个关键点

如果你的公司正在为如何提高社交媒体的参与度而苦恼，那
116 么以下是在社交媒体上取得成功需要牢记的五个关键点。

1. 真实

无论你的品牌是耐克、可口可乐还是沃尔玛，现在的消费者都不希望被推销，而是想参与品牌营销。这就是网红营销存在的原因，为什么人们花时间观看像杰克和罗根·保罗（Jake and Logan Paul）[1]、泰·洛佩兹（Tai Lopez）[2] 和其他网红发布的内容。因为他们都是真实的人，他们都向粉丝传递自己的想法。他们

---

① 杰克·保罗和罗根·保罗是两兄弟，他们是演员及视频博主，分别在 1995 年、1997 年出生于美国俄亥俄州，先以拍摄搞笑视频在 Vine 起家。在 Vine 被收购后，从 2016 年 9 月他们开始在 YouTube 发布视频日志，罗根所拍摄的“东京冒险”系列引发人们广泛争议。——译者注

② 泰·洛佩兹既是投资者、企业家、读书达人，也是社交媒体红人，他为自己的课程在车库拍摄的广告在 YouTube 上有 6994 万次的浏览量。——译者注

发布的内容也具有娱乐性，在社交媒体上发布的内容像一个完整的故事。消费者早上醒来后，兴奋地想看看前一天晚上可能错过的内容，他们也满怀期待地想看看当天的内容。其实，每个品牌方都有能力做到这一点，要复制这样的模式并不难。

如今，世界上最大的公司和最受欢迎的网红在网上有很大的差距。在做到“真实”这一点上，创作者们每天都在真实地生活，为社群成员提供他们想要的内容，让人们窥视他们的生活，而大公司可能要花好几个月甚至一年才能变得“真实”。所有的公司都应该学习 DJ 哈立德的做法，并将员工塑造为品牌故事的讲述者。

2. 要有针对性

你不必在每个社交网络上都获得成功，但你应该选择与顾客同在的社交网络，而且你的目标应该是那些可以获得最大覆盖面和参与度的平台。在 Twitter 和 Instagram，你通过巧妙地利用话题并结合内容策略，你的内容可以被还没有关注你的人看到。通过讲故事的形式真实地对外展示你的员工，突出你的产品和服务，这远比投资 Facebook 广告或制作高成本的视频更有效。DJ 哈立德已经向我们展示了如何利用 Snapchat 和 Instagram 这样的高度活跃的平台，通过每天讲故事的方式让粉丝了解他的幕后生活。同样的策略也适用于所有公司。 117

3. 别推销

我知道你在想什么:“我在做生意，怎么能不推销呢？”但现在的消费者对你的销售套话视而不见，并本能地忽略你的广告邮件。广告邮件被视为打折信息而不是邀请互动的信息。目前公司使用社交媒体感觉吃力的原因在于，它们关注的是结果即销售量，而不是购买过程，购买过程涉及创造品牌认知度（被频繁看到）、参与对话（与平台用户互动），从而建立顾客忠诚度。

没有简单的方法让你的产品在网络社区变现的时候，就从DJ 哈立德那里找灵感吧，看看他如何将 Ciroc 伏特加有机地融入他的故事当中，这就像你看到的电影中的植入广告。你也可以向金·卡戴珊学习，她会先发四五个关于她的家人和朋友的 Instagram 帖子吸引你，再把你引向她的生意。

4. 庆祝成功

社交媒体最显著的竞争优势是能够收集关于你的品牌、竞争对手和行业的言论。每当有人从你的公司购买并在线分享评论，发 Twitter 或带上你的品牌话题，这都是向你的顾客致谢并庆祝他们购买你的产品或服务的机会。很多品牌方的失败之处在于，它们的人手严重不足，以至于完全无法关注顾客对它们的评论，除非它们在社交媒体上被 @，而且通常只有在投诉或者与客户服务相关的帖子中才会与顾客互动。向前一步，拥抱和承认做得好的地方，就像面对投诉时做的那样。与顾客互动能进一步建立顾客忠诚度并把他们变成回头客。

5. 赢得更多

DJ 哈立德最著名的歌曲《我所向无敌》（*All I Do is Win*）很
118 容易就成为任何渴望成为行业顶尖的企业家的赞歌。然而，究竟怎么做才能“赢得更多”呢？要保持真实性。DJ 哈立德和金·卡戴珊成为网红，不是因为他们的长相或姓氏，而是因为他们一直占据着你的苹果手机屏幕，一直出现在你的面前。

营销人员在社交媒体的工作时间不固定。他们全年无休。无论是将社群管理外包，还是将内容营销和讲故事的策略委托给员工，企业都必须意识到，在网络营销的“游戏”中，那些能发出最大的声音并能让别人分享自己的文章的品牌方才是最终获利最多的那一个。然而，这要从第一点“真实”开始，而 DJ 哈立德和金·卡戴珊每天都在向我们展示这一点。

讲好完美故事的十个步骤

无论你是 B2B 还是 B2C 品牌方，你都有机会真实地与顾客交流，真诚地讲故事，而不是一味地发表销售言论。想像 DJ 哈立德和其他有影响力的人一样，成为一个更出色的故事讲述者，你可以遵循以下十个步骤。

1. 确定你的目标

想一想为什么你想更具体地分享故事而不是提高销售量？你想让受众了解公司如何解决问题吗？你想让受众相信你的公司文化特别棒吗？

2. 关注人们的期望

聚焦人们使用社交媒体的三个主要原因：社交、娱乐和获取信息。不管你身处哪个行业，你的品牌营销内容至少应该涉及这三个领域中的一个。 119

3. 创建与平台相关的内容

你的受众可能因平台不同而有所不同，或者他们可能会以不同的方式使用平台，比如在工作时使用 LinkedIn，在娱乐时使用 Snapchat。因此，你的故事应该与你的受众想在该平台上看到的内容相关。

4. 确定由谁来讲述你的故事

先从企业内部寻找喜欢分享故事和讲品牌故事的人，不管他是首席执行官还是 IT 实行生。除了员工，顾客也可以成为优秀的品牌故事讲述者，而社交媒体让你有机会找到他们。

运用你在第三章中所学到的，在 Twitter 和 Instagram 上搜索，看看谁在 Twitter 上发布关于你的品牌和竞争对手的内容。从已经购买产品或服务的顾客里寻找品牌拥护者，或者从你的竞争对手的顾客里找品牌拥护者应该也不难。我们面临的挑战是如何将他们变成产品故事的讲述者，成为你的品牌大使。

比如，我是 Cole Haan[①] 的粉丝和顾客。如果你在 Instagram 上搜索 #iwearcolehaan，你会看到超过 400 个由顾客生成的帖子。而该主题中的所有帖子均未得到 Cole Haan 的回复或认可。在这种情况下，如果我是 Cole Haan 的营销团队，我会逐一了解谁在发布关于我的品牌的内容。当你花时间做这件事时，你会发现那些在社交媒体上有显著影响力的顾客，或者至少能发现那些能拍摄优秀照片的顾客。当我开始点击顾客拍摄的 Cole Haan 鞋的照片时，其中一个发布多张产品图片的账号是 @KickSpotting，该账号在 Instagram 上拥有超过 75000 个粉丝。还有一些图片是由 @TheFiloDapper 拍摄并发布的，这是一个经过官方验证、拥有超过 69000 个粉丝的 Instagram 账号，属于一个男装时尚博主。遗憾的是，品牌方错失了找到合适的品牌大使的机会，这两个发布照片
120 的人本可以转化为 Cole Haan 的品牌大使。

在这个例子中，我们假设你是 Cole Haan 的市场经理，你即将与 @KickSpotting 和 @TheFiloDapper 展开互动。一旦你确定了谁在谈论你的品牌，下一步是直接联系账号的用户，向他们发送一条类似下文的信息：

---

① Cole Haan 是 1928 年在美国伊利诺伊州芝加哥成立的全球男女鞋类和配饰品牌。——译者注

> 你好，AJ，我们喜欢你在账号 @TheFiloDapper 里发布的关于 Cole Haan 的内容。感谢你成为我们的客户和粉丝！好奇地问一句，你有兴趣成为我们的品牌大使并且每个月都收到我们邮寄给你的最新款鞋子吗？

我意识到不是每个品牌方都有营销预算支付给品牌大使或代言人。但是，想想品牌方可以提供什么新的支付方式。假设一双 Cole Haan 的新鞋是 150 美元，按一年购买 12 双新鞋计算，Cole Haan 共需花费 1800 美元。用 1800 美元换来的是一位拥有超过 69000 个粉丝的男装时尚博主在 Instagram 上发布的 12 个帖子，Cole Haan 不仅拥有了一位品牌大使，而且还不需要支付现金。跟你可能会花在社交媒体广告上以获得相同的浏览量与真正的参与度相比，你会发现通过某种方式来支持品牌大使的做法更好。只是你需要确保正确地维系品牌方与品牌大使之间的关系，以遵守当地的法律并维护消费者的信任。

5. 利用故事板来规划内容

好的故事经常需要预先规划，所以召开一个头脑风暴会议吧，邀请企业内部的营销团队、销售团队、外部的媒体代理机构和任何
有可能帮助你找到一条清晰、吸引人的故事线索的人参加。 121

6. 保持内容简洁

就算有一个很棒的故事要讲，你也很难在激烈的眼球竞争中保持受众的注意力。所以不要从一开始就拍一条长视频，这只会为自己制造一场艰苦的战斗。至少在吸引受众注意力的阶段，让内容保持简洁，比如制作 30 秒到 1 分钟的 Instagram 或者 Snapchat 快拍。

7. 在其他社交媒体渠道创造兴奋点

虽然你并不想把同一个内容不经调整就向各大社交媒体平台投放，但你仍然可以通过跨平台为自己摇旗呐喊、制造声势，比如在 Twitter 上让用户知道你在另外一个平台（如 YouTube）上在做什么。只要你在平台上直接发帖子（而不是只附上其他平台的链接），用户有可能愿意追随你从一个平台到另一个平台。

8. 号召你的社群分享你创作的故事

如果你知道创作的故事会让受众愿意和朋友们分享，那就向他们发出号召，让他们分享你创作的故事吧。这样能让你发布的内容的浏览量呈指数级增长。

9. 不要一开始就推销

记住一点，很少有人登录社交媒体是为了看品牌卖广告。社交媒体营销最重要的是交往，直到帖子的最后部分再温柔地推一把，让人们购买你的产品。不然，如果你在帖子的开头就大张旗
122 鼓地推销，那么受众在看完内容以前就退出的可能性会大增。

10. 等到最后再号召行动

就像你应该在帖子的最后再进行推销一样，其他的行动号召也应该等到最后再发，比如邀请你的受众去另一个平台关注你的账号，或者号召大家参加未来的活动。

遵循以上讲故事的步骤，有助于让你看起来更像 DJ 哈立德和金 · 卡戴珊，而不是一个难以接近的品牌方。

名气仅是在社交媒体获得成功的其中一个因素。有许多名人的社交媒体粉丝并不多，互动也少，因为他们并没有真正地在平台上进行社交，也没有讲故事。举例来说，DJ 哈立德并不是一直像现在这么出名，但他通过很简单地分享早餐食物，或者让大家知道他和家人相处的情形，逐渐打造出个人品牌。他让人们在下

班时间也能了解他。你也可以为你的公司采取同样的做法。

举例来说，你在社交媒体上为一款会计软件进行营销，不要期待当你发布帖子说明你的技术能提供的功能时会得到很多回应。你应该分享你和顾客共进晚餐、在办公室为员工庆祝生日等故事。这些是大家能感同身受的故事。

当然，如果对你的品牌形象有益的话，你也可以分享一些严肃的内容。很多人登录社交网络的目的是了解更多的新鲜话题，并在某些方面改善生活，所以你可以分享如何为会议做准备，或者你公司的首席执行官每天上午的固定日程。只要你是真诚的，分享的是个人的故事，而不是销售套话，你会有机会逐渐吸引你的受众并在社交媒体上与他们建立真正的联系。这些联系可以让顾客本能地查询你的产品和服务，还可以让顾客将你的内容积极地分享到自己的社交圈。 123

你也许没有机会请类似金·卡戴珊或者DJ哈立德一样的名人来讲故事，但你和你的同事都是真实的，更容易与其他人产生共鸣。好好地利用这种力量并形成自己的优势，你自己和你的员工、顾客创作的品牌故事能让你的品牌更接地气。

在下一章，你将学习如何将员工变为品牌拥护者，并成为品牌在市场营销方面的新代言人。 124

第八章

把拥护者变为品牌代言人

至此，你阅读了《营销的终结》前七章的内容，希望你已经熟悉了我的观点，即（我们所熟知的）营销方式已经不适用于当今时代。你即将阅读的这一章至关重要，因为到最后你将拥有一本宝贵的“游戏手册”，它会帮助你将员工和品牌拥护者变为公司营销的新面孔。

为了保持竞争力，并在社交媒体这个嘈杂的数字海洋中脱颖而出，你必须优先考虑将你的品牌内容人性化，这意味着在你的数字营销渠道上设置人性化的面孔和声音，并减少对品牌标识的依赖。这个观点对于大多数品牌高管来说很难接受，因为从历史上看，我们（消费者）已经把耐克的钩形标识和星巴克的美人鱼等标志性品牌标识与品牌联系在一起。在数字世界里，这些标识在市场营销中的重要性不如你在当地商场里看到的星巴克或耐克店。展望未来，耐克、星巴克、可口可乐等全球品牌需要接受这种转变，以保持在线上与受众的联系。我们都是消费者，最不希望在社交媒体新闻源中看到某品牌的广告或销售帖子，除非这个广告讲了一个好故事，能让我们与其他受众分享，因为这个广告本身就是一场运动。

举例来说，2018 年，美国民众对于社会正义的讨论如火如荼，大家各抒己见。此时，耐克公司做出了一个大胆的决定，制作了一个以“平等”为主题的广告。该广告以著名的“Just Do It”为口号，主角是美国前橄榄球联盟四分卫科林 · 卡佩尼克（Colin Kaepernick）。在 2016 年的一次比赛前，当美国国歌奏响时，卡佩尼克单膝跪地，以抗议种族不平等现象。这次和平抗议近期引发了很多有关社会正义的讨论。卡佩尼克在 Twitter 上首发了这个由耐克公司制作、出品的广告，并获得了超过 1100 万的浏览量、超过 25 万的转发量以及 55.6 万的点赞量。耐克以卡佩尼克为主题的广告简直像一座金矿，由于股价飙升，公司市值在广告推出的当天增加了 60 亿美元（Gibson，2018）。

另一个在近期同样令大众印象深刻的品牌是百威啤酒，其广告中的主角是 NBA 球星、迈阿密热火队成员德怀恩 · 韦德（Dwyane Wade），百威借此向这名有可能进入 NBA 名人堂的球员致敬。百威的广告由五个不同的故事组成，讲述韦德如何影响了人们的生活，包括他的母亲在内。这则广告本身就足以让包括我在内的大多数人哭泣。更重要的是，在发布的瞬间，这则广告已经成为社交媒体上的话题，视频浏览量超过了 1900 万次，不包含 7.3 万次转发和 19.3 万个点赞。很显然，围绕这些广告的最大疑问是：“这些广告会增加销量吗？”然而，品牌方的真正收获是，这些广告促使人们谈论该品牌的惊人成就，因此品牌知名度的提升就发生在一瞬间，而品牌知名度的提升往往有可能导致销量的增长。

这两个例子展示了耐克、百威等大企业请代言人来讲品牌故事，对于企业的影响很大。虽然不是每家公司都有耐克或百威那么多的预算，来制作这种广告或有机会与科林 · 卡佩尼克和德怀

恩·韦德这样的名人合作，但是每个公司都有同样的机会来让自己的内容更加人性化。 126

我们正在进入这样一个时代，即一些大公司需要使它们的品牌内容人性化，以在互联网上紧跟潮流；否则，在不久的将来，它们将不再出现在我们的新闻中。举例来说，瑞贝卡·明可弗（Rebecca Minkoff）是其同名时尚品牌的联合创始人，她在社交媒体上非常活跃，为自己的品牌代言。

高管们在社交媒体上建立个人品牌，对于公司整体来说是有价值的。顾客不只希望与产品建立联系。明可弗在最近一期的《真心对话》节目中继续解释道："顾客想看到我穿得像个辣妹一样和孩子们一起坐飞机，也想看我穿什么衣服、怎么搭配，或者看我怎么打包去旅行。所以，我从未停止与顾客交流，就算我不能亲自去见她，她仍然会感觉我们彼此熟识，而且我是她的朋友。希望她愿意穿朋友出品的衣服。"

把一张面孔和品牌结合起来，并和顾客建立一种真正的联系，这有助于品牌独立于社交媒体平台而发展。从早期的博客、论坛和 MySpace 到今天的 Instagram 等平台，明可弗一直积极地直接接触顾客。她说："对我们来说，通过平台我们可与顾客交流，而顾客很感激我们直接与她对话。我们邀请她参加产品调研，我们向她提问、倾听她的反馈，而这是一种双向的对话。"

最终，更多拥有可识别商标的品牌方将安排特定人员成为品牌在线上的标志性面孔，比如社交媒体协调员或者首席营销官将成为线上粉丝们熟知的人。而营销内容将包括从简短的故事到长篇幅的原创内容（比如播客、YouTube 系列等）。这在不久的将来就会发生。

未来，像 Facebook、Instagram 和 YouTube 这样的社交网络将开始培养内部人才，采取类似于电影制片厂为电影选角的方式为品牌制作营销内容，这些内容看起来和感觉上像是由创作者或
127 网红发布的真实原创内容。就目前而言，社交媒体平台并没有从网红与品牌的代言费中抽取佣金，但这种情况最终会结束，社交媒体平台会意识到它们允许用户在平台上用一篇文章赚取数千美元，而它们自己却没有从中赚取一分钱。当你停下脚步来仔细想想，社交媒体平台本身就有无限的权力来随意“提高”特定帖子的能见度，平台也可以通过挑选特定的人，不论他们是什么年龄或拥有什么特征，只要他们能够在镜头前讲故事，甚至利用苹果手机来讲故事。只要找到这些人，他们迟早会变成品牌方眼中的网红，剩下的事情就交由社交媒体平台来处理。

作为营销人员，我们也同样处于一个十字路口，需要重新评估每个社交媒体平台能为企业提供什么价值，并由此决定是退出平台，还是继续留在平台上。这种情况已经发生了。化妆品公司 Lush① 在社交媒体上公开告知 20 多万名 Twitter 粉丝，他们将关闭旗下部分英国品牌的社交网络账号，不过英国的零售社交账号和全球的品牌账号仍然开放，而公司会将资源重新分配到其他地方。Lush 在公开呼吁中还说，像 Twitter 和 Facebook 这样的社交媒体平台正在使它更难接触到多年来积累的粉丝和关注者。此外，在 Twitter 的 @LushLtd 中，Lush 表示“我们不想为出现在你的主页中而付费”，它说出了一个显而易见的事实，即就算你

① Lush 是一家化妆品零售商，总部位于英国多塞特郡普尔，由 Mark Constantine 和 Liz Weir 创立。它生产和销售面霜、香皂、洗发水、沐浴露、乳液、保湿霜、磨砂膏、面膜和其他面部、头发和身体的化妆品，只使用植物配方，其中 85% 是纯植物原料。——译者注

的粉丝群体的一小部分人看到你的内容，你也得付入场费（推广费）。

当你分析当今社交媒体的现状，并发现社交媒体本身拥有无限的控制权，可以通过算法来决定哪些内容会被浏览，哪些不会，你便会发现，我们都被社交网络控制了。它们是王国的主人，只有它们有钥匙；它们控制“赌场”，预先发好了牌，所以如果你想赢，就必须按照规则来玩。

而你最重要的竞争优势不是你的品牌标识或财务资源，而是你的员工。

不管哪位高级主管声称“顾客是品牌的最重要资产”，我都认
为他们是在胡说八道。没有员工，企业就没有品牌。一个企业的员 128
工对于运营职能的重要性不亚于他们对于品牌故事及其传播的重要性。今天，无论你是否愿意接受，员工已经不仅仅是一个站在收银台后面或坐在写字间里的人，他们还是你品牌的代言人并为你的品牌发声，这种说法可能很吓人，很多事情可能出错。如果你没有适当的机制帮助员工来有效地代表公司，那么任何拥有智能手机和社交媒体账号的员工都有能力代表公司发言，并左右受众的看法。

比如，在 Instagram 上快速搜索 #WalmartEmployee，就会发现到目前为止已有 3200 多个帖子。其中，有些帖子描述了员工上班路上的情景，有些帖子抒发了员工对公司的热爱，还有些帖子的内容非常有趣。有意思的是，这里的关键启示是：Instagram 上有数以千计的用户发布的内容，而沃尔玛似乎并不能控制人们对其品牌的评价。

那么，你该如何控制员工在社交媒体上发布的关于品牌的信息呢？对于初学者来说，你控制不了。然而，我认为，你需要把工具交给员工，而不是限制他们发声。也就是说，如果你给你的

员工提供合适的资源，让他们能够准确地代表你的品牌（比如，提供一个包含预先编写内容的帖子平台、品牌大使如何最大限度地利用社交媒体的指导原则等），并制定相应的激励机制，他们就会迈向成功。你不希望看到的是员工在社交媒体上肆意妄为，随意发布内容，而且想什么时候发就什么时候发，没有任何指导原则。

以星巴克为例，从抱怨、小癖好到“从星巴克的培训里，你可以期待什么”等视频在 YouTube 上可以被观看，我们可以看出星巴克的咖啡师对于自己在这个著名公司的工作充满了热情。BuzzFeed[①] 有一篇题为《星巴克员工永远不会告诉你的 25 件事》的文章（Stopera and Stopera，2019），收集了星巴克员工的推文，其中有专门的标签 #ProTips（# 专业建议）和 #LifeHacks（小诀窍）
129 来改善你在星巴克的体验，星巴克作为品牌方也参与其中。

然而，总会有员工不受控制、肆意妄为。比如，2017 年星巴克决定推出现在名声不太好的独角兽星冰乐——一种高糖和高卡路里的饮料，但这种饮料看起来像在 Instagram 上拍的那样，绝对亮丽。根据各种报道，在独角兽星冰乐推出前一周，就有星巴克员工在 Reddit 等网站泄露新产品的信息，比如抱怨它难以下咽，还需要花费很长时间来制作。其中一个公开表达不满的员工是来自科罗拉多州的布兰登 · 布尔森（Brandon Burson），他于 2017 年 4 月 19 日在 Twitter 上发布了一个足以载入史册的视频，他在视频里说：“今天就是（独角兽星冰乐）推出的日子，我必须告

① BuzzFeed 是一个美国的新闻聚合网站，2006 年由乔纳 · 佩雷蒂（Jonah Peretti）创建于美国纽约，致力于从数百个新闻博客中获取订阅源，通过搜索、发送信息链接，为用户浏览当天网上的最热门事件提供方便，被称为媒体行业的颠覆者。在几年里，BuzzFeed 借助最拿手的猫猫狗狗榜单图让自己的内容风靡社交网络，并发展成一个赢利的内容网站。——译者注

诉你们，*请不要买它*。我这辈子都没有承受过这么大的压力，我简直要发疯了，我的头发里、鼻子上都是独角兽的渣渣，如果你爱我们这些咖啡师，*就不要买它！*”虽然布尔森的视频随后被删掉了，但这段火力十足的爆料视频被扒出，不仅被世界各地的新闻机构报道，还被网友模仿和恶搞。一段从《内幕新闻》（*Inside Edition*）节目中节选的“布尔森之咆哮”在 YouTube 上的浏览量达到了 1100 万多次。

员工也会对顾客在社交媒体上谈论品牌的方式产生影响。在 Twitter 上快速搜索“星巴克咖啡师”，就会搜到在每天任何时候都定时更新的实时信息源，显示星巴克的消费者在谈论他们在当地星巴克咖啡店的体验。在有些社区，星巴克咖啡师还是当地的社区名人。因此，企业需要将员工视为自己品牌的代言人，并且需要有效地培训员工，使其能够以自己是品牌代言人的思维方式行事。

为什么员工的拥护很重要？

如上文中提到的例子，你的员工已经活跃在社交媒体上，并且在谈论你的品牌，而你却无法监控。有了战略和技术的支持，你可以对公开发表的言论有更多的控制权，并在大多数情况下， 130
能激活你的员工队伍，使之成为营销团队的一员。想象一下，你在一家拥有数千名员工的公司工作，但专门的社交媒体部门是一个由一名或几名营销部门员工组成的小团队。当你没有足够的资源（人力和财力）像耐克和星巴克等著名品牌一样做一些酷的事情，却要管理公司的社交媒体的话，这可能是个令人生畏的任务。通过动员你的员工，你便可以拥有以下资源。

- 一种扩大你的品牌阅读量的方法。原来你只有几个社交媒体账号，现在却有可能扩展并新增成千上万个账号，从而帮助你提高品牌知名度、增加品牌广告量占有率（Share of Voice, SOV）①，这两个指标都是大多数营销人员的主要绩效考核指标。

- 对销售的直接影响。因为员工在社交媒体上发布的指向公司网站的链接越多，公司网站的访问量就会越大，很有可能会提高潜在的销售额，增加销售机会。
- 额外的品牌信任。无论你是 B2B 品牌还是 B2C 品牌，人们对个人的信任度都高于对品牌的信任度。
- 提高员工的留存率，并扩展吸引顶尖人才的途径。制定员工宣传计划，使员工有权以代言人的身份为企业发声，能让员工为自己的工作感到自豪，并为他们发展自己的个人品牌和职业生涯提供机会。

获得整个公司的支持

我在品牌部工作多年，现在是媒体代理公司老板。每当推出员工宣传计划，员工和高管都提出同样的疑问：“为什么要这
131 么做？”

你必须把这么做的原因向全公司说明白，让全公司执行员工宣传计划。

当我与金融服务巨头西联汇款公司（Western Union）合作推出他们的员工宣传计划时，第一步就是向管理层说明动员数

---

① 广告量占有率亦称声音份额，即一个品牌的广告活动在整个行业或产品类型的总广告活动中所占的百分比。广告量占有率的衡量标准是频率、覆盖面和广告评级。——译者注

千名全球员工是一件非常重要的事情，这会有助于在社交媒体上有机提高公司的品牌知名度以及品牌的广告量占有率。我给西联汇款公司的员工提供了一个线上访问中心，他们可以了解和分享预先批准的有关公司的社交媒体内容。作为一家被高度监管的公开市场上市公司，西联汇款公司能控制员工对自己品牌的评价，并且能限制风险和不可控内容的曝光。当你向管理层推销你的商业案例时，关键是要在一开头就说明这些案例对组织的价值。

第二步是向管理层表明，员工已经在没有来自企业指导的情况下有机地参与活动，因为当地的活动和赞助对于员工来说都很重要。大多数公司比如西联汇款公司，通过在 Twitter 上快速搜索“公司名字 + 员工”［比如，“Western Union Employee”（“西联员工”）］，或者到 Instagram 上搜索 # 公司名称员工［比如，#WalmartEmployee#（# 沃尔玛员工 #）］，很容易看到员工是否在谈论公司。

你向管理层介绍宣传计划时，应重点介绍“关键利益相关者的利益”，即员工宣传计划将改善组织筒仓（organizational silos）①。比如，在西联汇款公司，有一些特定的部门，如市场营销部门、人才招聘部门 / 人力资源部门、高级管理层、区域营销部门和公关 / 宣传部门对社交媒体以及让员工担任品牌大使的好处有不同的看法。因此，你要为每个部门制定不同的策略，并分别与部门领导会面，以获得他们的支持，比如向人力资源部门解释如何把员工宣传计划作为吸引人才和保留人才战略的一部分。

---

① 组织筒仓是指各部门之间不联系、不了解、不合作的孤立状态，这种情况在大型企业和中小型企业中都有可能发生。——译者注

根据我的经验，只要你告诉一个在市场营销部门以外的部门工作的人，将要为他们提供一个推广所在部门的机会，他们都不会
132 错过这个机会。然而，如果你为部门指定一个负责提供内容的团队负责人，这可以给你和你的团队带来更多的营销内容。比如，如果你要利用员工宣传计划来发布公司的招聘信息，那么就指定人力资源部的一个小组成员为你提供信息和内容，这些信息和内容将进入一个内部门户或者平台，在全公司进行宣传。

另一个有效的员工宣传计划的例子来自 2015 年我在 BMC 软件公司工作的经历。那时，BMC 在全球拥有约 6000 名员工，虽然前任社交媒体负责人在各大社交媒体创建了官方账号，但是由于没有制定员工宣传计划，便无法活用这支由销售主管和开发人员组成的队伍，从而把他们变为品牌的积极拥护者。我在上任后头 30 天内放了“两把火”，做了两件事：将公司品牌的社交媒体账号从 100 多个减少到 12 个，并带头发起及推出了 BMC 的员工宣传计划，命名为“BeSocial”（“一起社交吧”）。这不仅有助于简化我们的社交媒体工作，而且带领企业员工朝着同一个方向前进，这样我们就可以组建一个参与度更高的关注者队伍。

在正式推出内部员工宣传平台之前，通常的做法是 BMC 的企业宣传部会定期向全公司员工发送电子邮件，以鼓励员工在社交媒体平台上分享内容，我称之为“老式方法”。

如果你目前还没有一个内部门户或技术平台，那么向员工发送附有推荐内容的邮件也是一种方法。然而，也可以考虑投资建立一个内部平台，让所有员工都能访问登录并发布内容。这样的员工宣传平台将有助于简化流程和提高用户采用率。与通过品牌的官方社交媒体账号来分享同样的信息相比，员工在社交媒体平台上分享
133 品牌信息的传播率可提高 561%（Parry，2017）。

可以考虑以下四个员工宣传工具：LinkedIn平台上的Elevate[①]应用程序、Dynamic Signal、Sprinklr[②]和由Sprout Social开发的Bambu[③]。

> 虽然在选择供应商或技术服务提供商时，成本是必不可少的考虑因素，但你会希望选择一个易于员工注册和看到内容的解决方案，以实现内容的分享。获得大规模用户采用的首要因素是简单易用，所以要寻找一个你认为员工很容易接受的平台。你制定的步骤和规则越多，就越难让员工参与和投入。另外，应不断更新营销内容，才能让员工经常登录平台。

在BMC软件公司，我很幸运地得到了管理层的支持。首席营销官尼克·厄顿支持把员工变为品牌代言人。在开始工作后的几周内，我们就得以在Sprinklr平台上推出“一起社交吧”活动，并把这个社交媒体当作BMC软件公司全球员工的包罗万象的资源。在这个平台上，BMC的员工能访问企业的新闻和公告，分享已经为Twitter、Facebook和LinkedIn平台预写的社交媒体文章，这些文章的主题包括BMC公司举办的行业活动以及公司独有的具体业务内容。

---

① Elevate是LinkedIn在2015年发布的一款面向企业的独立收费的应用程序，可以将部分内容传播给员工，由员工再次分享到自己的关系网。——译者注

② Sprinklr是一家社交媒体，可以帮助用户从事社交活动、宣传客户关怀和发布社交广告。——译者注

③ Bambu是一个B2B智能投顾平台，致力于利用人工智能技术为北美、南美和亚洲各地用户提供相应的智能投顾技术。——译者注

成功推出员工宣传计划的关键

成功推出员工宣传计划的第一步是对所选择的平台进行测试。在一小群同事进行测试之前，你要确保平台上已经有大量的内容。在平台上的 BMC 主页，有一个标题为“提升自我品牌以
134 及 BMC 品牌”的帖子，它解答了员工对于为什么要加入员工宣传计划的疑问，接着员工可以看到一个三步走流程，描述在平台如何注册、登录以及做什么。

我们的“一起社交吧”活动可以让员工很方便地用自己的 LinkedIn 账号完成注册。在选择技术平台时（比如，LinkedIn 的 Elevate、Sprout 的 Bambu 等），一定要选择允许使用公司电子邮件地址进行单点登录（Single Sign On，SSO）[①] 的选项，或者可以使用员工的社交媒体账号进行注册。

下一步是让每个参与的员工登录一个平台，在这个平台上，所有的可发布内容按公司业务类型或职能分成不同的类别，比如，职业 / 人力资源、公众活动、公共关系 / 新闻等。

拥有一个简化版的员工宣传计划以及内容中心的好处是员工拥有一个一站式的资源库，可以找到预先写好的内容。在刚才举的例子“一起社交吧”活动中，员工利用他们的 Twitter、Facebook 或 LinkedIn 账号登录平台后，能够立即以本地信息的形式来发布预先编写好的内容，内容甚至包括相关的标签，还可以

---

① 单点登录是比较流行的企业业务整合的解决方案之一。——译者注

使用像 Buffer[1] 或 Hootsuite[2] 一样的软件来设定帖子的发布时间。

在推出“一起社交吧”活动的几周内，我们有超过 1000 名全球雇员在平台上注册，从而新增了数千次的媒体展示包括网站点击量。在初步推出后，维持发展的势头至关重要，作为 BMC 的社交媒体全球负责人，我优先考虑的是在整个业务流程中尽可能多地接触更多的团队，从人力资源部门到销售部门，这么做可以获得知名度，并且这种方式最终会被公司采纳。在我工作期间，我会参加每周的电话会议以及每季度的面对面销售培训，并宣讲社交媒体能为组织带来什么价值，而每次我都会被问道：“为什么社交媒体很重要？”简单来说，答案如下：

> 员工在社交媒体上分享关于公司或品牌的信息越多，公司的媒体展示以及网站访问量就会越多，最终会让公司的收入和利润增长。 135

如何在内容发布后保持发展势头

一旦得到全公司的认同，为每个业务部门指定一个团队负责人是至关重要的，后者会每周为平台贡献内容。否则，你和营销团队会发现自己在一周里的大部分时间在为内容中心寻找和编写内容。

---

① Buffer 是一种缓冲寄存器，分为输入缓冲寄存器和输出缓冲寄存器两种。前者的作用是将外设发来的数据暂时存放，以便处理器将它取走；后者的作用是暂时存放处理器发往外设的数据。——译者注

② Hootsuite 是加拿大的一个社交媒体管理平台，提供多个社交媒体的聚合管理，用户可以监测其在 Twitter、Facebook 等主要社交媒体上所进行的推广活动。——译者注

总结一下，当你在组织中引入员工宣传计划时，这里有一个有用的清单可以遵循。

- 与高层会面，包括关键利益相关者，向他们宣传激励公司员工并使其成为品牌代言人的潜在好处。
- 选择一个技术供应商来打造你的全方位内容中心，员工可登录并访问该中心来获得社交媒体内容。
- 通过公司内部网络或内部宣传发起员工调查，找到在社交媒体上热心宣传公司的员工。同时，利用这些调查结果来发现天生会讲故事的员工，或愿意负责公司的社会网络账号的员工。
- 公司范围内的员工宣传计划启动之前，请选择一组测试用户对平台进行测试及试用，并从测试小组获得反馈意见，包括他们喜欢和不喜欢这个平台的原因。
- 与企业宣传部门保持一致，由你的首席执行官或首席营销官写一份关于员工宣传计划的公告，说明为何员工宣传计划对公司发展至关重要。举例来说，在 BMC 软件公司，首席营销官尼克 · 厄顿通过电子邮件向所有员工发出公告，宣告我们正式推出了“一起社交吧”活动，并制造兴
136 奋点和提高员工对活动的认知度。
- 创建一份常见问题解答的文档作为培训指南，放在公司内部网站或门户网站上，因为肯定有人有疑问。另外，在公司内举办一次关于创建个人品牌有何好处的网络研讨会，作为员工宣传计划的线上培训内容。
- 与人力资源部门保持一致，确保鼓励所有新员工在入职第一天就在平台注册，这样你就能确保始终有新注册者加入。

- 最后，定期向管理层以及你的内部利益相关者报告员工宣传计划的效果和主要绩效指标，以让平台保持强劲的发展势头。你想让领导知道的绩效指标包括：净新增曝光、网站点击量、由于员工分享之后新增的成交交易和销售机会。在平台上，你可以添加包含跟踪代码的网站链接，以通过 Google Analytics[①] 等平台衡量绩效。

将员工转化为品牌拥护者不仅意味着他们会转发经过公司审核和授权的内容，而且能把他们变成讲故事的人。

请允许我介绍肖恩·阿雅拉（Shaun Ayala），他既是一位在 Snapchat 上屡获殊荣的艺术家，也是一个会讲故事的人。肖恩正好也是百思买营销团队的一员，但他因在 Snapchat 上的副业而闻名世界。近几年我和肖恩成为私人朋友，他的艺术造诣令我惊叹，于是我聘请他为我的客户 DocuSign 服务，在年会上作为网红管理它的 Snapchat 账号。

通过与肖恩和其他有才华的创意工作者合作，我意识到，这些有网络影响力的人所拥有的而一般企业营销人员不具备的重要差异化因素是他们创造性地讲故事的能力。他们会利用各种可利用的工具，如图片、文本、话题、声音、滤镜和动图，以 Snapchat 或 Instagram 快拍的形式牢牢吸引陌生人的注意力。一年前，在亚利桑那州凤凰城举行的一次会议上，我清楚地记得和肖恩说，像 Best Buy 一样的公司和更多的公司将雇用创作者，而不是营销人员来做营销工作。很多品牌方并没有预算来经常性地雇用有影响力的网红，但它们将提高社交媒体市场营销人员的雇用标准。

---

① Google Analytics 是 Google 为网站提供的数据统计服务，可以对目标网站进行访问数据统计和分析，并提供多种参数供网站使用者使用。——译者注

图8–1　肖恩·阿雅拉在Snapchat上面的内容示例1

137 资料来源：肖恩·阿雅拉。

图8–2　肖恩·阿雅拉在Snapchat上面的内容示例2

138 资料来源：肖恩·阿雅拉。

图 8–3　肖恩 · 阿雅拉在Snapchat上面的内容示例3

资料来源：肖恩·阿雅拉。

> 营销就是讲产品故事，而社交媒体就是这么做的大门。

展望未来，品牌方将需要雇用具有在社交媒体上讲故事的能力的员工，就像他们将雇用更多的内部文案人员来编写标题，以配合内部制作的引人注目的创意内容一样。此外，品牌方还需要 139
聘请专业的数据分析师，这些分析师可以准确解读社交媒体数据，从而优化 Facebook Ad 的投放。

BMC 软件公司是第一批使用 Snapchat 平台作为讲述我们的品牌故事的 B2B 公司之一。从最低限度来讲，讲故事可以帮助你的品牌更加人性化，把真实的面孔和声音展现在你的社交媒体社群面前。通过 Snapchat，我们用讲故事的方式聚焦新员工、高管和各种团队成员，他们会接管我们的账号，并创作名为“生活中的一天”的相关内容。

我们也会在 Twitter 上跨平台推广我们的 Snapcode①，每当我们有员工接管 Snapchat 账号或者分享行业会议等特殊场合的内容时，我们的账号就会增加新的关注者。

正如我在第七章分享的那样，我们使用的工具和金·卡戴珊、DJ 哈立德使用的一样。你可以自己决定是否使用这些工具，并把适用于社交媒体名人的蓝图也嵌入你公司的战略当中。如果你不使用这些工具，你的竞争对手很可能会使用它们。

首先要确定故事的主题，包括新员工入职培训、“生活中的一天”的各种主题、行业活动和会议以及产品演示。你应该争取每周抽出一天时间让员工来接管公司的 Snapchat 或 Instagram 账号，并把这种做法作为一种策略，以表明这是一个有趣的工作场所，充分展示员工的工作内容。这么做使你发布的内容减少了推销的痕迹，更多的是建立人与人之间的联系。你应鼓励员工为公司的 Facebook、Twitter 和 LinkedIn 账号创作内容。

请记住，公司需要真实的营销内容和与受众产生共鸣，并且为顾客提供解决方案以满足他们的需求。回到星巴克的例子。想象一下，如果在独角兽星冰乐面世的时候，星巴克为全球 20 多万名员工提供了一个像“一起社交吧”的平台来简化员工分享的信息，然后让选定的咖啡师来负责星巴克的官方社交媒体账号，“展示和讲述”新产品的制作过程。如果员工觉得自己对于新产

---

① Snapcode 是一种使用 Snapchat 的方式。企业可以创建自己的 Snapcode，并在图标内附上自己网站的 URL 和一张自己选择的图片。一旦创建了定制的 Snapcode，就可以把它作为图标和附件发送。——译者注

品的推出有更多的发言权和所有权，他们可能就不会因为新产品带来的额外工作而感到压力和沮丧。 140

除了在广告中聘请知名度高的名人如科林·卡佩尼克，耐克公司可以在 Twitter 上搜索，看看哪些人是公司最活跃的粉丝，并请他们负责品牌的社交媒体账号。我想，如果你把这种方式运用到你的品牌营销上，你会发现已购买你产品的顾客会很高兴负责品牌的账号。更好的做法是，如果你正为制作视频或博客内容而绞尽脑汁，可以邀请粉丝和顾客把视频发送到公司的电子邮箱，内容是他们如何使用产品。在获得他们允许的前提下，你可能有机会把这些内容作为你的 Facebook 主页上的内容，或者引用到一篇博客文章里，并发布在公司网站上。同时，也祝你玩得开心！你永远不知道什么时候会引发下一轮疯狂流行的挑战。

你和企业通过讲故事而获得的优势归根到底是营销内容的人性化。当你把个性化的面孔和声音融入营销内容，终端用户就会知道他们是在和谁接触。长久以来，企业一直躲在幕后，现在幕布正在被揭开，因为消费者渴望销售环节更加透明。

本章所概述的观点和工具适合希望将自己的品牌或公司带到下一波的社交网络媒体经济时代即人本经济时代的所有人。在这个时代，能有效地把人变成品牌形象会决定公司的未来。我曾在职业生涯中多次把员工变成品牌倡导者的策略付诸实践。每当我想到“营销的终结”以及接下来会发生什么的时候，我就会想到一个数字生态系统，人不是商标，而是品牌的面孔。我相信，公司将被迫重新定义“营销人员”，并开始雇用那些有一套讲故事技能的人。以人为本、从人的角度来讲故事的艺术，

将比在电脑上设计出来的广告更有价值。我还想到了数字审判日——人工智能与人类的对决日，你将在第九章中了解更多相关
141 内容。

第九章

审判日：人类与人工智能的战争

在第七章和第八章中，你已经学习了如何像名人一样讲故事。上文以金·卡戴珊和DJ哈立德为例，讲述了如何将你的品牌变为一个人们想关注并分享给他们的朋友的品牌，而不鼓励你的公司成为在互联网天天推送最新产品的促销信息的公司。你还学会了如何利用公司最重要的资产——员工和顾客，把他们变成积极投入的品牌代言人和讲故事的人，以扩大品牌的影响力，超越公司管理的那些社交媒体账号。现在，要把这些要点联系起来，如果你想让自己跟上网络潮流并保住工作的话，你需要了解为什么你至今为止所学到的一切都不是可有可无的，而是必需的。我之所以热衷推动品牌营销内容的人性化，而不是依靠品牌标识来进行营销，以及我之所以写这本书，都是因为让营销内容更加人性化是我们最后的防线，在不久的将来，技术将使数以千计的营销类职位消失，机器人将取代社交媒体经理。

我的关于未来营销的理论其实是一个生态系统，在这个系统中，机器学习、预测分析和人工智能都各自发挥作用。总有一天，品牌方现有的社交媒体经理或社群营销经理的职位将完全被这些技术手段所取代。因此，就像公司需要雇用创作者来增加品牌故事讲述者，品牌方在未来还需要数据分析师对机器人大军进行编程，以让机器人取代并完成目前由人类完成的专
143 业任务和功能，比如客户服务和销售。

20 世纪 90 年代，我最喜欢的电影之一是《终结者 2：审判日》（*Terminator 2: Judgment Day*）。在影片中，阿诺德·施瓦辛格（Arnold Schwarzenegger）扮演的角色被派往未来，以保护人类文明并避免一场由机器人策划的叛变。我受这部电影的启发。在本章中，你会知道，我们已经进入一个人工智能与人类对决的时代，而且已经没有回头路了。

要想把这个问题说清楚，我们首先应该了解为何世界上一些大公司正在使用以下技术。

机器学习

机器学习是人工智能的一个分支，基于这样一个认识，即系统可以从数据中学习，识别模式，并在最少的人为干预下做出
144 决策。

也就是说，通过机器学习，根据你多年来的搜索数据，Google 可以知道你的性格、你喜欢做什么、你去哪里购物等。Google 通过收集关于你的数据，可以将你归入不同的类别。这些数据还可以被广告商利用。这就是为什么每当你在 Google 的平台上运行广告（YouTube 也是如此），你可以根据不同的兴趣爱好和人口统计学指标来锁定目标顾客。一个有趣的事实是，Google 平均每秒处理超过 4 万条搜索查询（互联网实时统计，2019）。

预测分析

预测分析是对未来的未知事件进行预测，预测分析的技术基础是数据挖掘、统计学、机器学习和人工智能技术。预测分析主要以分析当前的数据来预测未来。

就电商和零售业而言，亚马逊会利用预测分析建模，从已有的数据即顾客的购买记录和频率，来预测顾客何时购买，比如，下一次顾客购买汰渍洗衣胶囊的时间，亚马逊还可以通过分析其他有类似购买模式的顾客的历史数据，来给顾客推荐相关的配套商品。

人工智能

人工智能是指电脑程序或者机器可以完成原本需要人类来进行的思考、学习和执行的任务。人工智能研究是一个试图让计算机变得“聪明”的研究领域，而随着机器变得“更聪明”，它们执行任务的能力会越来越强，而这些任务曾经被认为是需要人类的智慧才能完成的。

未来正在发生

为了让我的理论更有说服力，请想象一个世界，在这个世界里，所有的网上数据，包括公司的客户关系管理系统在内，足以让品牌方有能力开发一个社交媒体机器人来排除网络噪声，能在顾客购买产品之前，就直接与他们接触，而顾客甚至不需要发一条 Twitter 或者是私信。

这样的社交媒体机器人可以是一个应用程序，也可以是一个在社交媒体上看起来像一个“真人”的全套个人资料。这个机器人通常使用机器学习，被预先设定程序，自动生成信息，关注其他账号，自动回复或分享特定的标签。

公司总是面临将间接费用（overhead cost）[1]控制在最低限度的压力，并且拥有较小规模的社交媒体团队，这些公司正通过 ManyChat 和 Chatfuel 来编程订制 Facebook 页面机器人，以执行诸如社群管理等任务。之前的做法是，公司通常雇用一名员工，
145 他的主要工作职能就是完成这些任务。

当 Twitter 向应用程序开放其应用程序接口，你的公司就不再需要雇用一个社群营销团队来管理社群，这样做会有什么结果？或者，人工智能可以在 Twitter 上运行实时爬虫程序，并识别品牌的潜在客户，这会带来什么变化？如果现在我可以从聊天机器人那里订购比萨或鲜花，那么当预测分析和机器学习让人工智能利用多年积累的推文自动撰写文案时，会发生什么？想象一下，如果你的所有博客文章、推文和 Facebook 内容都是人工智能自动创建的，人工智能拥有足够的数据点，知道哪种类型的内容会在哪一天获得最高的用户参与度或转化率。最终，在这种末日场景下，一个营销团队将是一个由数据分析师编程的系统并完全可以自动运行，从而产生最高的货币投资回报率。同时，成千上万的市场营销岗位将永远消失。不幸的是，这些是很有可能发生的情况，我们将在 2030 年之前看到它们变为现实。

从自动点赞内容、自动关注账号到自动评论，你现在可以通过机器人的协助来完成很多事情，而无须投资成千上万美元来构建自己的机器人平台。或者说，现在不需要手动花好几个小时或

---

[1] 间接费用指不与产品直接产生联系的成本。——译者注

者好几天来完成简单的任务，这些改变乍一看很吸引人。

我从自己的创业历程中知道，当企业想雇用人才的时候，企业主会变得非常节俭，再加上企业在经营过程中要以最低的人均成本来增加收入，所以全部工序自动化不是可选项，而是必选项，并且会被所有企业采用。然而，虽然从表面来看，全部工序自动化很诱人，但实际上它更像一种快速完成任务的方法，而不是一种有效的长期业务发展策略。

由于技术的进步，在这个新的商业世界里，有很多事情你可以利用技术来实现自动化操作，但如果说有什么是自动化无法实现的，那就是和另一个人发展出一段真实的关系。人际关系是公司业务的核心，虽然有一些机器人案例具有商业价值，但机器人的商业用途也有不理想之处。 146

几年前，我受邀出席在丹麦哥本哈根召开的会议，并发表以“社交媒体的未来”为题目的演讲。在当时的研究中，我被一个观点深深吸引，那就是与移动通信运营商相比，移动消息应用很快就会占据更大的比例。这意味着，如今有更多人在Messenger 和 WhatsApp 等消息平台上发信息，而不是通过移动通信运营商。

我们现在谈论的不再只是社交媒体，而是横跨社交媒体和实用性的应用程序（比如收发信息），我称之为“私人媒体”。每当我被问到“社交媒体接下来会怎么发展？”或者“我该留意哪个社交网络？”我总是说，虽然还没有人公开讨论，但最重要的社交网络其实是 Facebook Messenger[①]。

目前，Facebook Messenger 拥有超过 10 亿的注册用户，

---

① Facebook Messenger 是桌面窗口聊天客户端，允许客户聊天、接收通知并在电脑桌面上阅读新闻。——译者注

是仅次于 Facebook、YouTube 和 WhatsApp（Facebook 于 2014 年将其收购）的第四大社交网络。你不应该忽视 Facebook Messenger 的原因是，它为你的品牌提供的不仅是另一个增加网站流量的平台，而且是一个增加收入的平台。Facebook Messenger 类似于微信，而微信是腾讯开发的一款中文多功能消息、社交媒体和移动支付应用程序，到 2018 年，按月活用户计算，微信是全球最大的独立手机应用程序之一，月活用户超过 10 亿人。

当我准备在哥本哈根演讲时，我决定用自己的经历来谈社交媒体和人工智能的未来，我决定与存在于现实生活中的机器人展开一场对话，并向与会听众报告我的使用体验。第一步，我找到 Facebook Messenger 中的“发现（Discovery）”标签，寻找用户可以浏览和寻找企业的自动客服机器人。按照新闻、旅游和购物等类别，用户可以找到成千上万个机器人。而我本人只想通过万豪酒店自动客服机器人来预订万豪酒店的房间。

万豪酒店自动客服机器人的第一个提示是让我选择“找一
147 家酒店”或者“客户服务”。我故意没有选择这两个选项，而是写道：“你好，我想在哥本哈根找一家酒店，你可以帮我吗？”我想看看自动客服机器人如何对语句做出反应。毫不奇怪的是，“酒店”这个词让机器人除了提供之前的两个选项以外，还多发了一句“你觉得如何？”我选择了“找一家酒店”，自动客服机器人接着问我的目的地是哪里，我回复“哥本哈根”。

接下来发生的事情开始变得有趣。显然，自动客服机器人没有认识到哥本哈根是一个城市的名字，所以它问了我三次想去的地方，直到我回答“丹麦”。随后，我发现在丹麦没有适合我的万豪酒店分店。然后自动客服机器人给我提供了“开始新的搜索”或“客户服务”的选项，我选择了“客户服务”。自动客服机器人回应道，它的客户服务团队只有在特定时间内（不是实时，也不是我正在使用的时刻）反应最迅速，并要求我输入问题，以便有人能回复我。

几天后，当我人已经在哥本哈根并选择了一家 Airbnb[1] 的时候，我收到了大概是来自万豪酒店的社交媒体团队中一位“真人”的消息，并说万豪国际集团在哥本哈根有两家酒店。自动客服机器人当时没有明白我的意思。具有讽刺意味的是，当我告诉自动客服机器人，我已经到达哥本哈根，并改用 Airbnb 时，自动客服机器人的自动回复仍然是“找一家酒店”。

就目前而言，自动客服机器人无法取代人与人之间的互动。不过，随着机器学习和人工智能的发展，这种情况会发生改变，自动客服机器人可以对照公司网站、实时交叉检查输入的单词。但万豪酒店的例子表明，目前与自动客服机器人的对话仅限于事先编程中约定的关键词和短语。

我称之为“自动客服失误”。

我继续做了下一个实验，决定尝试利用达美乐（Domino）的自动客服机器人来订一份比萨，而这次的交流最终让我写下本章的内容。为了好玩，我用常见的挥手表情符号来表示“你好”，但达美乐的自动客服机器人不知道挥手表情代表什么。以下是我
们的互动内容。 148

---

① Airbnb 是 AirBed and Breakfast（“Air-b-n-b”）的缩写，中文名为爱彼迎。爱彼迎是一家联系旅游人士和家有空房出租的房主的服务型网站，它可以为用户提供多种住宿信息。——译者注

我：(挥手表情)

达美乐自动客服机器人：对不起，对此我不太理解。

我：你好。

达美乐自动客服机器人：你好！我是达美乐餐厅的订餐助理机器人。我叫 Dom，有什么可以帮你的？这里有三个选项：新订单、重新订购和订单追踪。

我：新订单。

达美乐自动客服机器人：好的，请告知你的电子邮件地址，这样订单成功后，我们可以给你发送订单确认通知。

我：(提供电子邮件)

达美乐自动客服机器人：你想如何支付这个订单？

我：使用借记卡或信用卡。

达美乐自动客服机器人：为了安全起见，请你使用 www.dominos.com 平台上的信用卡 / 借记卡付款方式，一旦订单下达后，我还可以帮你追踪（链接到订单结束）。

我：订单结束。

达美乐自动客服机器人：确认 / 提供送货地址 + 总金额。

我：我现在做什么？

（然后我开始对自动客服进行一些有趣的测试，以测试它的能力。）

达美乐自动客服机器人：不客气！如果你还有什么需要，请告诉我，我可以帮您解决。

我：为什么达美乐的比萨比必胜客的好吃？

达美乐自动客服机器人：对不起，我不明白你的话。有什么可以帮你的？

我：必胜客，你知道它吗？

达美乐自动客服机器人：对不起，我不明白你的话。有什么可以帮你的？

我：你最喜欢吃什么配料？

149 达美乐自动客服机器人：对不起，我不明白你的话。

从酒店预订到订购达美乐餐厅的比萨，虽然自动客服机器人的发展前景很好，但我感觉跟自动客服机器人互动是一种笨拙和烦琐的体验。就像我和达美乐自动客服机器人的交流过程中，在提供了包括姓名、地址、电子邮件和电话号码在内的所有信息后，我仍然被提示要访问它的网站下单，这就违背了使用自动客服机器人的初衷，客户反而需要花费更多的时间来下单。即使在达美乐网站下单后，我还被自动客服机器人再次提示需要结账。

要创建一个自己的自动客服，我推荐 ManyChat（自动聊天工具）或 Chatfuel（聊天机器人开发平台）。创建一个 Messenger 自动回复功能并不困难，而且只需要几分钟来设置。除非你想获得畅快的聊天体验，就像万豪酒店或达美乐餐厅一样。创建一个端到端的聊天流程需要仔细计算投入时间。除了提供后端分析如用户数量以外，ManyChat 和 Chatfuel 也允许你向订阅者推送通知，它们类似于一个利用电子邮件进行营销的服务提供商。

就目前而言，自动客服更适合企业还是个人品牌用户仍没有定论。企业家格兰特 · 卡登（Grant Cardone）会使用自动客服每天给我发送推送文章的通知。坦率地说，比起 Facebook 到企业页面上发布营销内容，我更喜欢这种方式。此外，从我的角度来看，用 Facebook Messenger 给成千上万名用户发送推送通知（类似于利用电子邮件发送信息），要比在客户服务或电子商务中使用自动客服更有效。

现在，在我们讨论自动客服的好处之前，让我们先来看一下使用社交媒体自动客服的不恰当的策略。

购买假关注者和假互动

对于网红和想成为网红的人来说，购买僵尸账号来关注他们

150 或参与互动是一种常见的做法。这种做法只是在自欺欺人。有专门“养水军”的公司，它们创建僵尸账号，从技术参数上讲，这些僵尸账号是“真实”的社交媒体账号，但实际上并没有真人在操作。因此，假粉丝没有任何价值。

互相关注后取消关注策略

如果你不想被影子禁言（Shadow banned）① 或被社交网络暂时屏蔽，就不要玩互相关注后取消关注的把戏。

自动点赞和自动评论

为了实验和研究，这些年我用过很多种互动机器人。当使用机器人自动发送“互相关注吗？”和“来给我的文章点赞吧！”之类的话，在成千上万的 Instagram 帖子里你可能会有一些关注者，但是如果你不去维护你与你的关注者的关系，你的关注者也不会发展成优质的关注者。维护这种关系涉及你至今在本书所学到的大部分内容。

虽然我坚信，人工智能将有效地颠覆我们的营销方式，并在不远的将来淘汰许多营销工作职位，以便人们把时间更多地用于为交易性的客户服务，同时一个重要优先事项是，将资源重新分配到社群之外的互动上。然而，你不需要花很多钱来雇用外部机构为你打造一个机器人。相反，不到一分钟你就能创建一个自动回复程序。

在 Facebook 页面创建 Messenger 聊天机器人（Messenger Chatbot）的第一步是进入你在 Facebook 内的页面设置（Page

① 影子禁言亦称 ghost banning、comment ghosting。影子禁言是指论坛或者网络平台的管理者让某位用户的发言只能被自己看见，而其他用户看不见。——译者注

Setting），然后点击页面左侧的消息（Messaging），接着点击回复助手（Response Assistant）。 151

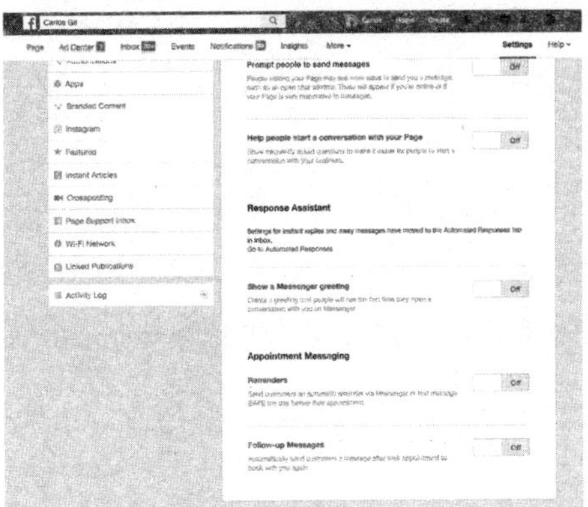

图9-1　如何在Facebook页面创建一个Messenge聊天机器人 152

资料来源：卡洛斯·吉尔的Facebook页面。

你可以选择即时回复每一位在页面留言的人。你的预设信息里，可以包含问候语以及你会在多久之后回复。

图9-2　Messenger聊天机器人即时回复的消息内容示例

资料来源：卡洛斯·吉尔的Facebook页面。

虽然 Messenger 自带的机器人即时回复功能不能为你提供
ManyChat 或 Chatfuel 那样的畅快的聊天体验，但它是自动回复
顾客的第一步，否则顾客会在工作时间（包括下班时间和周末）
感觉被忽视了。这也是一个很好的方式，让顾客知道你将在设
定的时间内回复他们（比如，24 小时之内），或者你也可以让
153 他们访问公司网站的问答栏目。至少，你可以设置聊天机器人
来回复你最新的 YouTube 视频链接，或者用于发展潜在客户的
电子书，或者附上你希望增加关注的 Facebook 帖子等，如图 9-3
所示。

图9–3 使用自定义GIF的即时回复功能示例

资料来源：卡洛斯·吉尔的Facebook页面。

人工智能和社交媒体聊天机器人是有价值的，所以我想提出一个问题，估计你现在可能正在思考同样的问题：“如果我从事社交媒体工作，这对我的事业会有什么影响？”

有效地利用人工智能和社交媒体聊天机器人技术会节省时间，希望这些时间能让你和团队去做提升品牌影响力所需的工作——讲故事和直接与你的顾客进行一对一的交流。正如我在全书中所展示的那样，有一项任务是机器人至今还无法完成的，那 154
就是取代人的面孔和声音。正如我所强调的，未来十年，品牌营销内容的人性化将是你最大的竞争优势。

在一个数字生态系统中，Snapchat 的用户每分钟会分享 527760 张照片，每分钟有超过 120 名专业人士加入 LinkedIn，而在 YouTube 上，用户每分钟总共观看 4146600 个视频，每分钟有 456000 条推文在 Twitter 上发送，在 Instagram 上的用户，每分钟发布 46740 张照片。信息过载与自动化相结合，将继续使最终用户感到被忽视，并在情感上远离他们认为来自品牌方的广告内容（Marr，2019）。

一旦你无法确定你是在和机器人聊天，还是在和人交流，面孔和声音将是你最后的进攻武器。

案例分析

Lil Miquela

让我来给你们介绍一位 Instagram 博主，其账号是 @lilmiquela。从表面上看，她似乎只是一名 19 岁的 Instagram 网红，拥有 150 万名粉丝。

我们能看到 Lil Miquela 参加科切拉音乐节、与 J Balvin 等名人合作，甚至发了 Instagram Stories，然而，她并不是一个真实的人，而是一个 AI，而最让人瞠目结舌的事实是，你甚至看不出来她是 AI，因为她看起来特别“真实”，有视频为证，她甚至还有自己的声音。

Lil Miquela 只是你公司的竞争对手之一。正如我在本章开头所写的那样，人工智能与人类的较量已经开始。如果你想在一个由人工智能、聊天机器人和计算机生成的“网红”所主导的世界中脱颖而出，你应该立即开始讲故事和通过员工宣传计划打造公司的网红（如第七章和第八章所述）。具体来说，当使用 Messenger 等应用程序时，请铭记以下最佳
155 做法。

个性化体验

个性化和人性化是相辅相成的。每当你创造一个个性化的体验，你就可以与顾客建立更深层次的联系，我指的不仅是通过私信联系他们或在推文中 @ 他们，我的意思是说，要赢得客户的青睐，你应该做的是了解什么对他们很重要，关注他们在谈论什么，哪些日子是他们生活中的重要日子（生日、周年纪念日等），并围绕与他们相关的兴趣而不是你的品牌来吸引他们。比如，我经常坐美国航空公司的飞机，美国航空公司的数字社区经理应该主动联系我，并做自我介绍。这和餐厅的经理来到每一张餐桌前，查看服务员的表现没有什么不同。对于像美国航空公司这样的品牌方来说，可能很难接触到每一名顾客，但它至少要从最忠实的顾客开始联系，然后联系更多顾客。通过滚动浏览我在 Twitter 和 Instagram 上的帖子，你会发现我经常旅行，而且每到一个新的城市就会去理发。美国航空公司可以利用这些公开的细节，给我发一条推文或 Instagram 私信，推荐我每到一个特定的城市就应该去看看的理发店，或者提供一些当地的旅游建议。这就是我所说的让互动变得个性化的意思。虽然这样做工作量很大，但这是超越性的工作，能让顾客感到被重视。

通过视频或语音向顾客发送信息

从万豪酒店和达美乐餐厅的例子中可以看出，自动客服机器人可

以通过在平台中内置有价值的电子商务工具来帮助品牌方增加市场份额和收入，但它仍然缺乏人际交往和互动的元素。不过，Facebook Messenger和Instagram都允许你给用户发送语音消息，我的建议是，立即开始把这一点作为客户服务的策略，让顾客户可以听到真人的声音，而不是引导他们去相信他们可能正在与一个机器人进行互动。想象一下，你如果能使用平台的内置功能（如利用Face Time通话和发送视频短信），让客户可以听到你的话并看到你，那么客户服务会提升到一个新的水平，在一个机器人驱动的世界里，你正在与计算机竞争，对 156
手是像Lil Miquela这样的网红。让你的员工从数字幕后走出来并不是一件坏事，而是一种竞争优势。

让真实的人成为品牌活动的代言人

最近，我和一个客户联系，他向我展示了他们最新的广告活动创意，我震惊地看到从电子邮件营销到社交媒体帖子，他们使用的都是从Shutterstock图片库里挑选的、看起来似乎是公司的实际顾客的图片。当你可以通过招募你现有的顾客或者向拥护者付费使他们成为你下一个品牌活动的代言人时，为什么要造假呢？更好的做法是，众包内容，并鼓励你的社交媒体社群成员以及员工积极发布与你的品牌相关的内容，以获得出现在即将到来的品牌宣传活动中的机会。

在社交媒体的世界里，已经有很多人通过造假的方式获得名气，甚至不惜一切代价获得5分钟的网上关注度。不要再助长这些网络噪声，而忽略了你最大的资产——你的顾客和员工。他们可以代表你，而他们所采用的方式，没有任何一个网

红或机器人能做得到，因为他们是真实的，而且是真实的品牌代表。

在下一章中，我们将从撰写帖子到建立人际关系来探讨说服的力量。对于你在网上所做的一切来说，说服力是一个关键
157 因素。

第十章

个性和说服的力量

当我写这本书的时候，我在思考“怎么才能将各章的内容连在一起，让每一章都能与下一章衔接好？”本书的开头全面梳理营销和广告事务。接着，我提出自己的观点：在这个全新的时代，数字化业务的竞争力是使品牌人性化——让真实的人包括你的员工成为公司的代言人。本章关注你到底该如何推销自己，并且在你所在的行业成为思想领袖，而且也会教你如何利用互联网与他人建立富有成效的联系，并且通过挖掘你的“超能力”（你自己的力量）来发现商机。

我相信个人品牌的力量，因为我就受益于通过社交媒体来建立人际关系网。要不是我十多年前在金融业被裁员，我就不会写书，也不会有今天的事业。然而，拥有个人品牌不仅需要创作在线内容和打造人设，而且让你独一无二并且与他人联结。

我利用社交媒体重塑了自己的形象，重建了自己的事业，并且走上了成功的职业道路，成了一名营销高级主管、企业家和演说家。然而，这一切都不是一蹴而就的。建立个人品牌，让其他人认为你是有影响力的，需要你花费时间和付出极大的耐心。尽管当时我没有经营企业的经验，但我还是强迫自己学习编写网站代码，并创办了一个在线招聘网站。此外，我没有营销预算，所以我优先学习的是社交媒体营销，相对来说，当时的社交媒体营销刚刚起步，并没有像今天这样被企业所熟知和使用。通过试错，我发现如果足够多的人在社交网络看到你和接收你的信息，总会有人关注你。

从 2009 年到 2011 年底，我一直在做我们今天所谓的“社交型销售（social selling）”。每天，我在醒着的大部分时间里都在 LinkedIn、Twitter 和 Facebook 上流连并在这几个平台间来回切换。每天我都会用 LinkedIn 搜索其他公司的人力资源高管，我想向他们推销我的服务。我还通过 Twitter 与上述公司的招聘人员和高管直接接触。一旦我通过 LinkedIn 联系上他们，或者在 Twitter 上与他们互相关注，我就会在 Facebook 上把他们加为好友，这样他们就可以认识我这个人了，这么做会让交往更加人性化。人力资源行业的从业者逐渐了解我，因为我无处不在。

我能在社交媒体上重塑个人品牌，而每个品牌、每位创意工作者和每一名专业人员都有同样的机会摆在面前，秘诀就是使自己的品牌变得更人性化、更容易亲近。记住，购买行为发生在相互信任的人之间。在我为自己的事业打下基础并把它发展壮大的这些年里，我了解到，我在推销的并不是我的服务或者某种产品，而是在推销我自己。

正如你在本书中所读到的，随着网络流媒体、直播视频和故
事的兴起，社交媒体将继续成为一片孕育新的创意工作者和个人
160 品牌的土壤，而未来的互联网只会比今天更加嘈杂。这种现实不
仅会迫使每个公司重新评估自己，并开始使用社交媒体来作为销

售和营销渠道，而且也会让它们考虑利用社交媒体来为顾客提供售后服务。

正如你将在最后一章中看到的那样，包括虚拟现实（Virtual Reality，VR）和增强现实（Augmented Reality，AR）在内的技术进步，只会让人的声音和面孔发挥更大的作用。因此，在这个新的沟通时代，你的沟通能力将是你最有效的竞争优势。

那么，当你与其他人都在做同样的事情时，你该如何脱颖而出呢？

获得成功的五个要诀

获得成功的五个要诀是我在职业生涯早期就开始使用的。每一个要诀不仅都很重要，而且都是紧密相关的。下面我将对这五个要诀进行详细阐述。

1. 热情

不管是直接见面还是在线互动时，热情是顾客从你身上感受到的情感。公司也好，个人也好，什么是你的驱动力？如果你是销售员，你的潜在客户会很快看出你是否对你的工作和你所代表的公司充满热情。如果你是企业家，你的热情就是引导你每天醒来和经营业务的动力。理论上，你所从事的工作应该是你所热爱的。如果你从事营销工作，为公司的社交媒体账号撰写文案，你应该对你的工作为雇主带来的影响充满热情。热情是我们做一切事情的核心。 161

2. 坚持

坚持是一种不可思议的能力，无论你需要多长时间才能达到目的，都不会动摇或放弃你正在努力完成的事情。在我创业的早期，很多人不把我当回事，因为我没有像现在这样的信誉度和拿得出手的成就。当我以员工的身份在企业界工作时，我发现必须坚持不懈地让公司里的其他人了解社交媒体的价值，许多从事销售和营销工作的人很快就放弃了社交媒体，因为他们想马上获得收益。正如我在前面的章节中所讲的，社交媒体不会带来直接的投资回报率。社交媒体营销是一个长期的销售和营销方式，就算惹人讨厌，你也必须在社交媒体上坚持发帖，并在人们的主页中被听到或看到，发一次帖子就走人是不行的。

3. 持之以恒

持之以恒和坚持是相似的，然而持之以恒是一种心态，坚持则是一种行动或策略。每一个品牌和创意工作者一开始都无人关注，一切都要从零开始。要在 YouTube 上占有一席之地，你可能要创作数百个视频，而在像 Instagram 和 Snapchat 这样的平台，你需要用有令人惊叹的视觉效果的视频和故事来吸引人们的注意力。在社交网络成功的关键是将你的成长看作一场持续的进化，这需要毅力。如果现在你的企业在 Facebook 上的页面只有不到 100 个“赞”，你会问自己是否应该继续坚持发布营销内容。这通常不是一个应不应该坚持发布营销内容的问题，而是如何坚持的问题。以前，我做了很多 A/B 测试，来看看哪些策略是有效的，哪些是无效的，一旦我了解到特定的策略可
162 以达到特定的效果，我就会更多地运用这些策略。

4. 个性和说服力

让我们面对现实吧，我们上网都是为了同样的结果——销售产品或服务。

作为一个创业者，我很少进行业务开发或传统销售，因为人们认识我是通过我十多年来所从事的个人品牌建设和“社交型

销售”。然而，有人可能会看到我每周在Instagram、YouTube或LinkedIn上发布的内容，并认为我发布这些内容就是在推销。他们是对的，即使我从未提及任何一种产品、服务，甚至是网站。通过创作内容我塑造了个人品牌，我不必进行自我介绍便被人们所熟知；而且当我不工作时，人们对我本人也有一定程度的信任。这就是个人品牌的艺术，而我将在这里与你分享社交网络的“游戏手册”。

被视为值得信赖的思想领袖在任何行业中都是有好处的。然而，你需要花费时间和创作营销内容来提高你的影响力，此外还需要坚持。要想被视为你所在领域的专家，你应该有足够的工作资历和经验，并获得相应的成就。此外，如果你急于利用LinkedIn和其他社交网络来增加你的销售收入，请准备好投入时间来创作内容并与他人建立数字社交网络。

增加你的专业影响力的第一步是评估你的优势，以及弄清楚你可以根据你的经验和成就教给别人什么。

首先要摸索出自己可以教给别人的主题。比如，如果有人正在寻求帮助，以发展他们的YouTube频道，他们很可能会去Google或YouTube上输入“如何在YouTube上生存和发展”。问问自己：“人们想要什么？这些我能教给他们吗？”然后列出所有可能的主题，作为自己的博客和视频的主题。

我们很容易看到如加里·维纳查克一样的思想领袖，因此就想效仿他们的做法。遗憾的是，这并不容易。要打造个人品牌和
影响力，请按照以下个人品牌核查清单进行自查。 163

个人品牌核查清单

- 你的顾客想知道什么，你能教他们做什么？创建一个主题清单。
- 你是否在 Medium、LinkedIn 和 Facebook 上写博客、发表见解和分享可操作的策略，你的顾客认为这些很有价值吗？
- 你是否在 YouTube 上教授人们专业知识？
- 每当有人与你互动，你是否花时间亲自在社交媒体上做出回应？

发展个人品牌的秘诀是将个人和专业内容结合起来。重点不是你作为专业人士的身份，而是展现你作为一个普通人的生活。创造共鸣意味着你所在行业的其他人可以与你创作的内容产生共鸣，同时被你启发。如果你还没有这样做，请利用 YouTube 和 Instagram 等平台，在分享你的工作内容的同时，也分享你的生活。以我为例，我花了好几年让网络陌生人（digital stranger）通过我在网上分享的关于孩子的内容、我喜欢做的事，以及我在日常工作之外的身份来了解我的家庭，同时我也向他们展示了我的专业工作并向他们传授我的营销专业知识。在 Snapchat 创建账号的早期，我是第一批在 Snapchat 上谈论粉丝增长并在这个平台上确实做到了粉丝增长的营销人员。一旦你对某件事情充满热情，就要让人们了解它，让你的个性在你所做的事情中闪闪发光。请记住，对于大多数人来说，社交媒体是他们暂时逃离日常生活的一种媒介。如果你想扩大你的影响力，无论有多少人在看，都要对你的受众展现出真实、不经掩饰的情感。最后，特别是在 Instagram 上，利用你的帖子标题，分享简短而私密的故事，让受众觉得与你个人和与你分享的内容产生联系。164

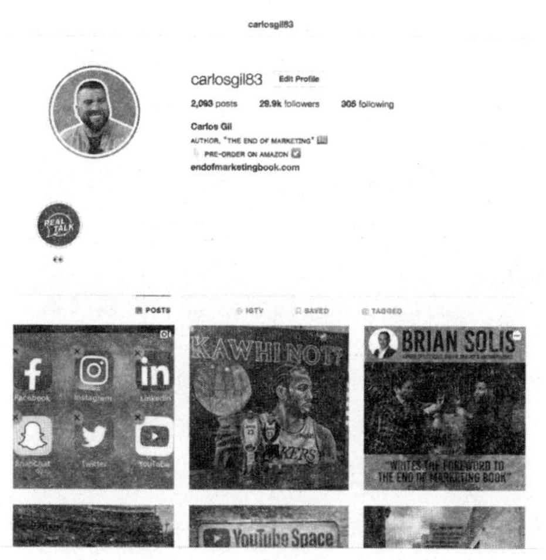

图10–1　卡洛斯·吉尔的Instagram主页

资料来源：卡洛斯·吉尔的Instagram页面。165

如果你从事销售工作，或者正在寻求发展业务和寻找新客户，使用 LinkedIn 就不是一个可选项，而是一个必选项。好消息是，LinkedIn 的 5 亿多会员数据库可以供你搜索，你只需轻松地点击几下并完成搜索字段。

从你的 LinkedIn 主页上，进入顶端的搜索栏，点击“会员（People）”，然后会出现所有的筛选选项。在这个屏幕上，输入你想推销的公司名称，或者输入你理想客户的职位名称。

我拥有一家数字营销公司，因此，与首席营销官建立联系是我业务增长的关键。LinkedIn 让我有机会接触到超过 21000 名的美国首席营销官。但是，在你联系或发送站内邮件（InMail）之

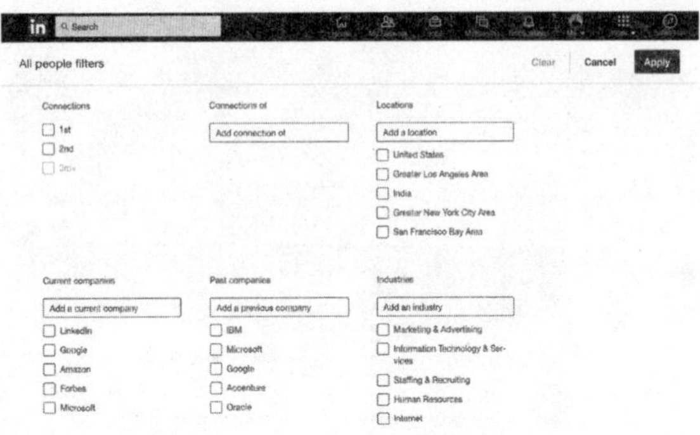

图10-2 LinkedIn的高级检索选项

166 资料来源：LinkedIn（2019）。

前，对于任何一个潜在的销售对象，你应该在 Twitter 或 Instagram 上查找他们，并与他们互动。也就是说，在 LinkedIn 平台上与他们接触之前，先在 Twitter 或 Instagram 上与他们接触。因为大多数社交活动不在 LinkedIn 上进行，而是在别处发生。另外，你不能显得过于急切，或者是在进行对话之前，给人以群发垃圾邮件的印象。

在 Google 上快速搜索“你的潜在客户的名字 +Twitter”，会显示他们是否使用 Twitter。如果他们在 Twitter 上，看看他们是否活跃，以及他们最后一次发推文的时间。如果他们在 Twitter 上并且很活跃，可以给他们发一条个性化的推文，大致内容如下。

> 你好，客户的名字，我在 LinkedIn 上看到了你的资料，很喜欢你和你的团队在 @ 公司名称所做的工作。

在他们回复之前，不要再多说一个字。你不能显得很绝望或者有明显的销售腔。如果他们几天后不回复，那就回到 LinkedIn 上，在那里与他们联系。如果他们回复了，那就在 Twitter 上与他们保持对话，直到你等到一个在线下谈生意的机会。在某些情况下，你可能会遇到一种高管或者公司根本不在 Twitter 上的情况，167
或者人在 Twitter 上但不活跃，这时你别无选择，只能在 LinkedIn 上与他们交流了。

在推销自己和你发送的邮件被视为“骚扰邮件”之间有一个微妙的界限。在 LinkedIn 上撰写站内邮件或其他任何形式的信息，向潜在客户介绍自己和公司是一种艺术，尤其是当你试图引起不断收到推销信息的人的注意时。我的建议是，要直截了当，但不要推销。

在你发送有可能被视为垃圾邮件的站内邮件或无人会打开的邮件以前，请遵循以下三个关键准则。

1. 你是否有中间人可以给你引荐？如果有，请你的中间人做一个热情的介绍，这比盲目地去联系陌生的潜在客户更有效。

2. 你与潜在客户最近是否一起参加了同一个行业会议？如果是的话，在邮件中提及那次会议。如果时机合适并且你的潜在客户曾经在会上发言，你还可以提及相关的分会场名称。

3. 潜在客户的公司最近是否曾被媒体报道？如果该公司曾被媒体报道，先在邮件中提及新闻摘要（这在 Twitter 上也有效）。

经营企业或管理团队的专业人员已经很忙了，他们没有时间筛选冗长而令人筋疲力尽的信息，也不可能在没有建立客户关系的情况下对过度推销的信息做出回应并认同。这就是你要说服他们的地方。

如果你的站内邮件简短而直接、重点突出，并提到了你最近参加过的活动，或者提供了有潜力的商业机会，那么你的转化率将大大提高。同时，你要在邮件中明确说明你想占用对方多少时间。

168 比如，一个有说服力的 LinkedIn 站内邮件应该这样写：

××（对方名字），你好！

最近，我在××刊物（行业刊物）上看到，××（对方的公司）被《福布斯》杂志评选为同行业顶级公司。

恭喜你！

如果可以的话，我希望可以和你保持联系，稍后会给你发送一个建立联系的请求。

祝好！

卡洛斯·吉尔

撰写一封完美的 LinkedIn 站内邮件需要精巧的构思和大量的 A/B 测试，以验证什么举措是有效的以及什么是无效的。但是，请记住以下三个必备条件。

1. 邮件内容要简短，切中要害。在头两句话中你应该清楚说明为什么要与对方建立联系，以及你是谁、你的工作是什么。

2. 不要在第一次与潜在客户联系，就推销你的公司或服务。收信人可以从你的个人资料里看到你的工作职位和雇主名称。

3. 与其邀请对方参加一个电话会议，不如首先邀请对方在 LinkedIn 上与你联系。

在 LinkedIn 的线上平台上与潜在客户联系与在线下会面并建立客户关系没有什么不同。拥有超过 5 亿会员的 LinkedIn 是世界各地商务专业人士首选的社交网络。然而，从在 LinkedIn 上被搜索，到成长为一个在业内有影响力的个人品牌，首先你的个人资料里要有正确的关键词组合。

优化你的 LinkedIn 个人资料的第一步是在标题栏添加与行业相关的关键词，它们是最有可能出现在搜索结果里的或正在被搜索的关键词。比如，在我的个人资料标题栏中，我有“社交媒 169
体”“营销”“顾问”“机构”“讲故事的人”和“演说家”等关键词，因此，如果 LinkedIn 用户在搜索“营销顾问”或“有关社交媒体的演说家”时，我的个人资料很有可能在搜索结果中排名靠前，因为我的标题栏中就包含了这些关键词的组合。

你的关键词是什么？写下来：________。

当你在优化 LinkedIn 的个人资料时，记得要把所有的栏目如“教育”“行业”“联系方式”，包括你的网站地址、电子邮件地址、电话号码、Twitter 账号和生日都填上。这样做的原因是，这些栏目是可搜索的，并且可以让其他人更容易与你互动。你填写的资料越多，就越容易在搜索结果中被找到。

通过添加你的学校名称，你的个人资料将在学校或大学的用户资料中被索引，这将提高校友找到你并与你联系的可能性。如果你住在农村或偏远地区，可以考虑将你所在的城市改为离你最近的大都市，以提高你的个人资料被搜索的可能性。另外，选择一个能代表你的行业。最后，将出生日期添加到个人资料中，这样在你生日当天，你个人资料中的一级联系人会收到通知，这是一种免费的联系他们的方式。

你的 LinkedIn 简介的摘要部分是你在 LinkedIn 平台以外被找到的关键。每当有人在 Google 上搜索你的名字，你的 LinkedIn 职业档案通常是头几个的链接。你应该花时间去掌握如何撰写你的 LinkedIn 职业档案摘要，因为这读起来应该像一个网站的“简介”部分，或者是一本书的“关于作者”部分。应该在职业档案摘要中突出你的技能、经验和你在整个职业生涯中的工作成果。此外，也应该在该部分中添加相关可搜索的关键词。

图10–3 编辑你的LinkedIn个人资料中的简介

 资料来源：卡洛斯·吉尔的LinkedIn页面。

编辑联系方式
个人资料网址
linkedin.com/in/carlosgilonline
个人网站地址
http://www.carlosgil.biz
Personal
Remove website
电话
1-904-536-5764
Mobile
地址
邮箱
carlos@carlosgil.biz
Twitter
CarlosGil83
+ Add instant messenger
生日
August
21
Birthday visible to: All LinkedIn members
Apply

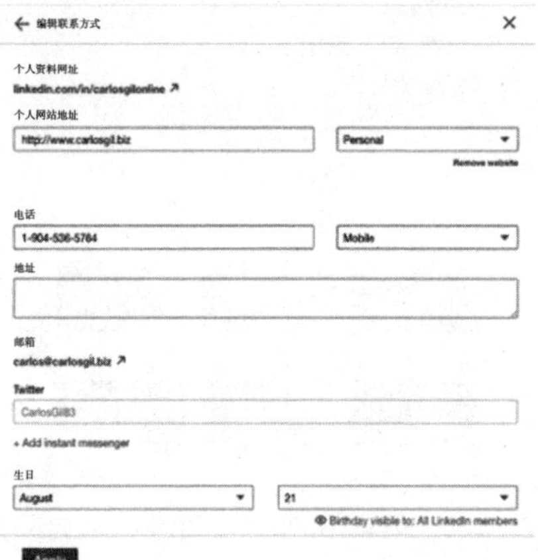

图10-4　编辑LinkedIn的联系方式

资料来源：卡洛斯·吉尔的LinkedIn页面。 171

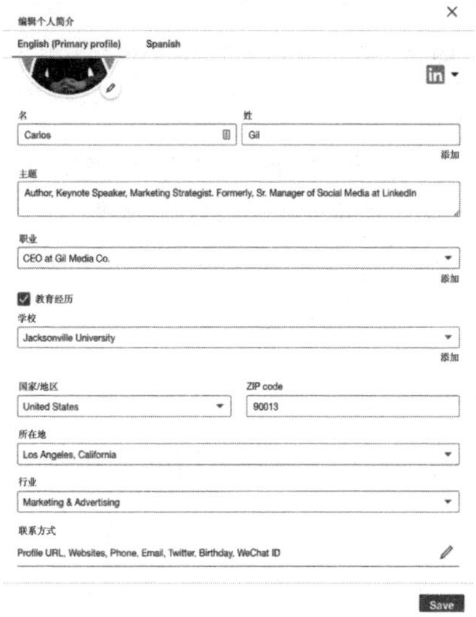

编辑个人简介
English (Primary profile)
Spanish
名
姓
Carlos
Gil
添加
主题
Author, Keynote Speaker, Marketing Strategist. Formerly, Sr. Manager of Social Media at LinkedIn
职业
CEO at Gil Media Co.
添加
教育经历
学校
Jacksonville University
添加
国家/地区
ZIP code
United States
90013
所在地
Los Angeles, California
行业
Marketing & Advertising
联系方式
Profile URL, Websites, Phone, Email, Twitter, Birthday, WeChat ID
Save

图10-5　编辑你的LinkedIn个人简介

资料来源：卡洛斯·吉尔的LinkedIn页面。 172

图10–6　编辑你的LinkedIn个人简介摘要

资料来源：卡洛斯·吉尔的LinkedIn页面。

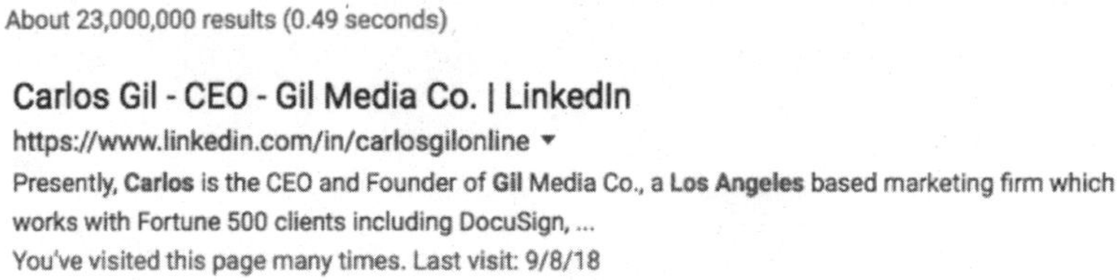

About 23,000,000 results (0.49 seconds)

Carlos Gil - CEO - Gil Media Co. | LinkedIn
https://www.linkedin.com/in/carlosgilonline ▾
Presently, **Carlos** is the CEO and Founder of **Gil** Media Co., a **Los Angeles** based marketing firm which works with Fortune 500 clients including DocuSign, ...
You've visited this page many times. Last visit: 9/8/18

图10–7　在LinkedIn上利用Google搜索Carlos Gil，优化关键词后的搜索结果

资料来源：Google。

添加富媒体内容①

富媒体内容有助于提升行业权威性，并为个人资料增加可信

① 富媒体内容（rich media content），简单来说是指任何形式的数字内容，它不仅包括普通的文字和静态图片，而且为终端用户提供更多的提升和参与体验。文字广告以文字为卖点，展示广告以图片为卖点，而富媒体则提供了更多的方式让终端用户参与其中。——译者注

度。如果你在 YouTube 上发布过视频内容或曾经在行业出版物上 173
有过专题报道，请将其添加到你的 LinkedIn 个人资料中。此外，如果你从事销售行业或 B2B 行业，你可以添加公司网站上的客户的成功案例，这样能为你的个人资料增添更多的特色。你还应该为个人资料上列出的每一个雇主添加富媒体内容。

你目前在专业上所做的工作，以及你在整个职业生涯中的工作节点和所取得的成就，都应该在你的个人资料中体现出来，以提高你的知名度，增加你的职业机会。你的 LinkedIn 档案不仅是一份简历，而且是你的代表作选集并代表个人品牌。

图10–8　在LinkedIn个人资料中添加富媒体内容

资料来源：卡洛斯·吉尔的LinkedIn页面。 174

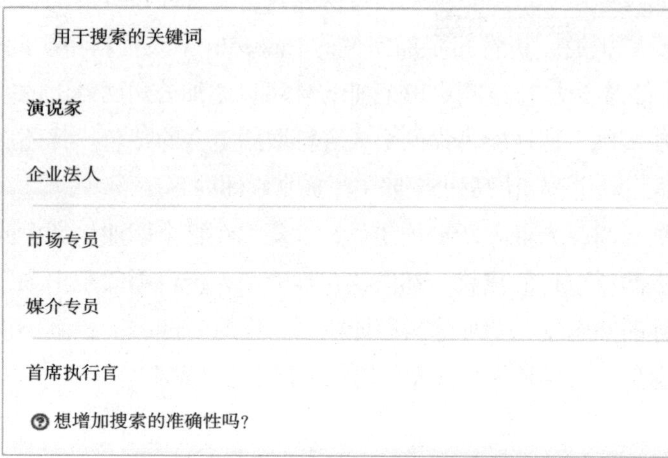

图10-9 在LinkedIn上进行关键词搜索

资料来源：卡洛斯·吉尔的LinkedIn页面。

每周搜索数据统计

750

您在3月26日–4月2日，被关键词搜索了750次

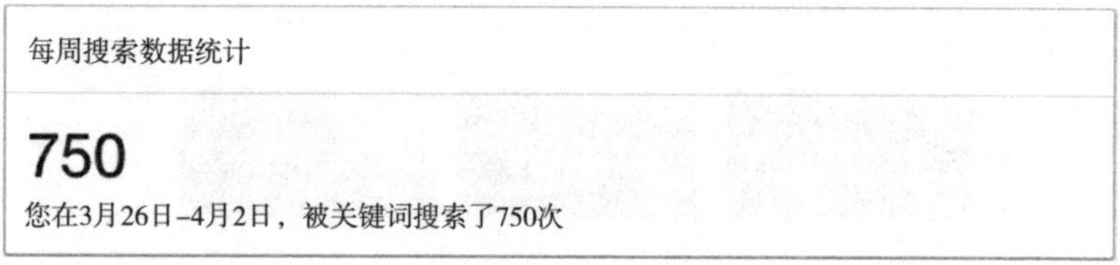

图10-10 LinkedIn个人资料被搜索次数统计

资料来源：卡洛斯·吉尔的LinkedIn页面。

经常更新和监测群组

一旦你优化了 LinkedIn 档案，就可以每周监测一次统计数据，以确保你的档案出现在搜索结果中。要想在 LinkedIn 上获得最大的收益，你需要在平台上活跃起来，即你需要在讨论中做出
175 贡献以及发布原创文章和加入 LinkedIn 群组。

加入 LinkedIn 群组

加入 LinkedIn 群组是扩展人际网络的快速方法之一。通过加入已经建立的 LinkedIn 群组，你可以立即接触到成千上万的群组成员，这些成员要么在你所在的行业工作，要么在你所在的城市生活和经商，要么与你有相似的兴趣。此外，大多数大学和学校有校友群。

LinkedIn 允许你最多加入 100 个群组，最好的做法是，加入尽可能多的与你相关的群组。首先，从你的主屏幕进入“更多”（Work），然后点击群组（Groups）按钮。

一旦你看到自己已经加入的群组，点击请求按钮（Requested），然后点击发现（Discover）按钮。

查找相关群组

在 190 万个群组中，LinkedIn 会根据你的个人资料和兴趣中的关键词为你推荐你可能想加入的群组。

你也可以在搜索栏中输入关键词如“营销”，来查找你所在行业的群组。比如，当我输入“营销”时，发现有超过 56000 个有可能加入的群组，我可以从人数最多的群组开始。你也可以输入所居住的城市或者主要业务的所在地区或城市，比如“洛杉矶”，并加入由当地商会或行业协会分会创建的群组。

介绍和参与群组

把你加入的每一个 LinkedIn 群组看作平台内部更广泛的生态系统中的一个独立的社群。当你进入并在群组中互动时，你将拥

图10–11 加入LinkedIn群组的方法

资料来源：卡洛斯·吉尔的LinkedIn页面。

176 有常去的群组，不管是每周、每天、每次登录都会去那里，这就是你要在进入群组时进行自我介绍的主要原因。这样，群组里的其他成员就会知道你的存在，并会在群组外查找你的个人资料。此外，为了扩大你在每个群组中的影响力，你必须在不自我推销的情况下提供新鲜的、相关的见解，同时要经常参与其他群组成
177 员发起的讨论。

通过加入并积极参与 LinkedIn 群组，你将会看到自己的个人资料浏览量上升，新增的联系请求以及潜在的网站访问量上升，从而带来新的业务机会和客户等。然而，至关重要的是，你必须一直积极参与群组活动，不要勉强自己一下子加入 100 个群组。为了帮助你及时了解各群组中发布的内容，你需要打开电子邮件通知，这样即

使你不在 LinkedIn 上，也可以通过电子邮件收到新讨论话题的通知。

当我在 2008 年开始使用 LinkedIn 时，由于我的业务主要是就业安置和招聘，因此我积极加入人力资源和人才招聘的群组。通过对群组讨论的贡献，也开始了自己的主题讨论，我在 LinkedIn 上的联系人数量很快就增长了。此外，我还加入了除了我当时居住地以外的多个城市的群组，这对我在其他州、城市和国家与他人建立客户关系的帮助很大，并且这些关系我维持至今。LinkedIn 的魅力以及社交媒体的魅力在于可以帮你在全球范围内扩展你的人际网络。然而，利用群组的关键是要经常在群组中发言，让在人们在社交网络中看到你。

创造业界思想领导力

如果你想成为业内可以被信赖的思想领袖以及人们信任并愿意追随的人，这需要时间，不可能一蹴而就。然而，如果你在本行业有实践经验和知识，你可以把它们分享给其他人以帮助他们在工作中取得可衡量的结果。LinkedIn 有内置的工具，可以帮助你提高自己的思想领导力。

从微软 Excel 到 YouTube 频道发展，什么问题都有专家帮你解决。以下是一份思想领导力清单供你参考。

思想领导力清单

- 你擅长做什么？
- 你热衷于帮助别人完成什么？
- 你能教给别人什么？

一旦你对自己能够教什么做了自我评估，下一步就是列出一系列的主题和副主题。比如，我的主题是“LinkedIn”，副主题是“如何使用 LinkedIn 视频”和“如何增长你的 LinkedIn 联系人数量”。副主题最终会成为你的博客和视频的课程。如果你能每周都创作营销内容，那就想出一个 12 ~ 24 个标题的内容日历，让你在未来的 3 ~ 6 个月可以顺利创作营销内容。

主题清单

- 列出主题和副主题。
- 为每个副主题写一篇内容。
- 为每个主题创作一个视频。

你可以在 LinkedIn 平台上利用 LinkedIn 的文章版块（LinkedIn Articles）写博客，而不需要创建一个独立的网站。这样做的好处是，LinkedIn 平台可以得到搜索引擎优化和有机流量，而你无须费力让访客去访问你自己的网站或域名。LinkedIn Articles 所提供的功能可与 Medium.com 和 WordPress 提供的功能相媲美，而且你不需要成为技术高手。一旦你发布了一篇博客文章，它便被分享到新闻源中，并同时在你的 LinkedIn 档案上显示出来。

创建视频内容

为了给你的思想领导力内容带来更多的观看量，请制作长度在两分钟以内的原创短视频，并将其作为状态更新发布到

LinkedIn 上。你可以使用台式机、笔记本电脑上的摄像头或智能手机来制作视频。 179

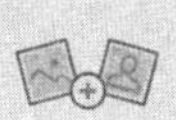

图10–12 在LinkedIn上发布一条博客内容来提升思想领导力的做法

资料来源：卡洛斯·吉尔的LinkedIn页面。 180

无论你喜欢哪种方法，都要制作一个简短的视频来描述你的 LinkedIn 文章，以及从文章中摘一两个关键词，以激励你的受众阅读。LinkedIn 最棒的地方在于，如果有人给你的内容点赞，你发布的内容就会出现在所有一级联系人的新闻源中，这就是为什么在 LinkedIn 网站上创建尽可能多的有机内容是非常有利的。另外，在你的文章中加入相关的标签，这样可以把你的影响力扩大到一级联系人之外。

制订一个计划并贯彻始终

就像你在社交媒体上所做的其他事情一样，创建一个作为思想领袖的可识别个人品牌需要时间。然而，通过拥有一个内容日历和持续地撰写内容，包括制作将在你的 LinkedIn 档案中出现的视频教程，你会越来越快地受市场欢迎，以及被行业同人认识。不要忘记把你的内容也分享到群组里，以获得最大的浏览量。

你不能一天发一次帖子就不管了

如今你可能清楚地察觉到，社交媒体从不停歇。我把它称为“巨大的数字海洋”是有原因的，因为它不仅规模很大，而且总是一周 7 天、一天 24 小时、一年 365 天永不停歇。为了与你的数字社区关注者保持相关性和成为他们的首选，你不能一天发一次帖子就走人。如果你没有定期登录和检查社交媒体，你的帖子的浏览量就不会很多，也不会得到你所追求的参与度。然而，你并不总是需要依靠创作新的内容形式来扩大你的影响力。加入 LinkedIn 和 Facebook 群组，以及参与 Twitter 和 Reddit 社群的讨论，你只需参与相关的对话并有所贡献，这将有助于提高你的思想领导力。请记住，基于文本的帖子，我们称之为“对话”，其实也
181 是内容。这就是坚持不懈的做法，你必须冲到前面才能被社交网络的其他人看到。

为每个渠道制定不同的策略

因为不同渠道的算法不同，用户消费内容的方式也不同，所以你必须按渠道制定发布策略。比如，Twitter 上的内容是按时间顺序实时显示的，而 Facebook 和 Instagram 上的帖子则是根据相关性和参与度来显示的。

发帖的间隙该做什么

每个帖子的“保质期”都有限，而帖子的生命周期完全取决于帖子是否有其他人评论。让我们回到刚才我那个“巨大的数

字海洋”的比喻，我们可以把一个社交媒体的帖子看成海里翻起的一个波浪。而你的帖子在刚发出去时，将获得最初的牵引力或势能，帖子获得的参与度越高，动力越大，直至达到峰值或最高点，然后你的帖子将慢慢地消失、“变成泡沫”。发帖的诀窍是在发布后的最初几个小时内，让帖子有尽量多的互动，这意味着将你的内容通过私人的 Messenger 或者 Facebook 的群组分享给隐身幕后的粉丝，或者给你的会员计划清单上的人发电子邮件，又或者可以在 Facebook 或 Instagram Stories 上进行跨平台的交叉推广。因为现实就是如此，发布每一篇文章都应该被视为一个小型营销活动。为了让你的社群在两篇文章发布之间或发布后保持互动，利用 Instagram、Facebook Stories 和 Twitter Chat 等工具，不需要每小时发布新鲜内容也能保持你的内容出现在靠前的位置。回到让品牌更加人性化的话题，首先要慢慢地把你的社交媒体团队介绍给在 Facebook 和 Instagram 上的关注者。让团队成员轮流指定一名代表，通过 Facebook 或 Instagram Stories 创作内容，使人们产生兴奋感。这种可靠的策略能让你的社群成员感觉 与品牌的联系更紧密。最终，你的社交媒体团队的成员将拥有各自的 182
Facebook 页面和 Instagram 账号，这些内容我们稍后再谈。

作为一个见证了社交媒体早期发展的人，我认为其实社交媒体并没有改变多少。唯一改变的是平台，但我们所有人都想要的东西仍然是相同的，那就是关注度。回溯到美国在线所在的时代，再快进到今天的社交网络时代，社交媒体一直都是关于人和人与人之间联系的。有的企业突然中途进入已经在进行的对话中，却没有意识到，加入社群比试图主宰它要容易得多。

在这个 Google、YouTube、Reddit 和 Facebook 都是全球访问量最大的网站的世界里，接触你的顾客其实并不难。对于营销高管们来说，未来最重要的转变将是如何运用过去十年所学到的数字营销方法、如何优化网络广告的传统做法以及将控制权交到人们手中，无论他们是员工、网红还是顾客，让他们代表公司来讲故事。总有一天，我们将生活在这样一个时代：家得宝（Home Depot）[①] 的代言人是住在爱荷华州得梅因市某地的一名孩子父亲，他通过社交媒体向我们展示如何在家里“工作”，他的故事会通过家得宝的品牌渠道发送。有一件事是不变的，那就是你发布的帖子就代表你的水平，而帖子的参与度就像氧气，因此，你发布的帖子应该以教育、娱乐或启发人们为目标。

今天的顾客想要的是什么？

- 人，而不是产品。
- 人脸，而不是商标。
- 故事，而不是帖子。
183 - 体验，而不是推销。

正如我在本书中反复强调的，在社交媒体上建立忠实粉丝队伍的秘诀是少推销，多互动。

你的目标永远不应该是推销，而是用内容来“吸引”你的顾客，这样他们才会把你发布的内容分享给他们的朋友，就这样口口相传。这本身就是个性和说服的力量。问问你自己：

---

① 家得宝成立于 1978 年，是全球最大的家具建材零售商，销售各类建筑材料、家居用品和草坪花园产品，并提供各类相关服务。——译者注

- 你是否讨人喜欢？
- 你能否说服关注者采取行动？

“创作者经济”是门大生意，只会越做越大。2017 年，美国有 1700 万人通过网上发帖获得收入。相比之下，美国一共只有约 1200 万名制造业工人。在收入方面，内容创作者们仅在 YouTube 上的收入就接近 40 亿美元（Feldman，2019）。

你的一部分工作是利用社交媒体来展示个性或“人设”，让人们在线“买账”并关注你。我们都有一个自己扮演的数字世界的化身。在打造了“你”以后，第二个阶段就是说服人们不断地与你互动。

在你阅读下一章之前，让我们在 LinkedIn 上加为好友。你可以在 Linkedin.com/in/carlosgilonline 上找到我，但请不要向我推销或强行推销。 184

第十一章

知识点总结

首先，我想花点时间感谢我的父母，老卡洛斯（Carlos Sr）和米莉·吉尔，感谢你们在1996年的圣诞节给我买了第一台电脑。作为一个害羞和内向的独生子，我在很小的时候就发现互联网能为我提供前所未有的机会，让我可以进入卧室以外的世界，包括有机会结交朋友并受人们欢迎，这是我在学校里得不到的。所以，现在每当我看到我的孩子们使用社交媒体，比如Instagram、Snapchat和TikTok，我意识到，从我们这一代到下一代，其实一切都没有改变。我们都希望被听到和看到，这就是为什么在讲座和主题演讲中，我都强调，让营销内容中少一些推销广告，多一点人与人之间的联系。回顾过去，讽刺的是，当年我在美国在线的网上聊天室度过的日日夜夜以及在聊天中结交朋友，其实为今天的很多事情奠定了基础。不论是我所知道的创建网络品牌，还是在LinkedIn等平台上与客户建立关系和推动业务增长，我们都需要遵守以前就有的规则，只是使用了新工具而已。自古以来，与他人建立关系一直是双方签订契约的基础。随着技术的进步，改变的只是人们建立关系的速度。

现在我们已经到了本书的最后部分，我将总结你所学到的知识，并将这些知识与有用的工具联系起来。

社交媒体成功的三大支柱是相关性、人性化和社交性。

185 **快速提示**

- 想知道该使用哪些社交媒体平台？很简单，使用你的客户所在的社交媒体平台。然后，为不同的平台制定不同的策略以保持与客户的相关性。
- 没有人愿意听行话和干巴巴的销售套话。与你的客户互动，通过展示品牌内容的人性化及其背后的人来吸引真正的客户。
- 记住人们使用社交媒体的原因：为了社交。专注于与他人建立真正的联系，以成倍地扩大你的影响力。

虽然社交媒体是潜在的“金矿”，对于大多数企业来说，它们有可能带来更多的潜在客户和新客户，但是今天的消费者比以往任何时候都有更多的选择，知道在哪里消费和创作内容。因此，人们创造了一个永不静止的数字海洋，当员工放假或者没生意的时候也是如此。传统的实体企业不仅与在线企业竞争，它们还与普通人（通常被称为个人品牌）争夺数字注意力。在这个新的商业时代，一家有数十亿美元资产并已上市的公司，在网上的影响力很有可能还不如莎拉·迪斯奇（Sara Dietschy）①

① 莎拉·迪斯奇采用视频日志的方式，记录在纽约的生活，她的 YouTube 频道的主题是科技评论、创意思考、全球旅行和冒险。2016 年，莎拉的视频“How To Casey Neistat a Vlog”疯行于网络，使她的频道的用户在一天内从 4000 名增加到 4 万名。莎拉与三星合作推出了她的视频“Skydiving in 360 - Virtual Reality”，作为 VidCon #In360 的一部分。——译者注

或马克斯·布朗利（Marques Brownlee）[1] 这样的 YouTube 名人，而后者其实是靠品牌方的赞助来保持相关性。

要想从网络噪声中脱颖而出，你首先一定不能像其他公司那样表达，比如“点击了解更多”“优惠即将截止”“今天是促销的最后一天”，而要学会如何施展讲故事的技巧，让你的内容更加人性化。

客户会通过故事记住你的公司，而你的形象将影响客户，有助于提高品牌的知名度和吸引新的粉丝。你讲述品牌故事还需要
利用公司的员工作为讲故事的人，让他们分享公司内部发生的故 186
事。此外，还要真实地讲述公司的情况，而不诉诸销售和营销辞令。在某些情况下，品牌的人性化需要与有网络影响力的人保持一致，而后者可以覆盖你的目标消费者。

案例分析

运动鞋品牌 K-Swiss 如何重塑品牌形象?

作为一个全球性的品牌，K-Swiss 在成立的 50 多年间几经转变。20 世纪 90 年代，品牌从网球界成名后风行一时。到了 21 世纪初，“我有我的 K-Swiss”营销活动非常有效，该公司在不断变化的流行文化中，一直发展品牌以保持与客户的联系。

在总裁巴尼·沃特斯（Barney Waters）的领导下，该公司开始了最新的转变，目标是成为企业家选择运动鞋时的首选。从那时起，K-Swiss

① 马克斯·布朗利的艺名为“MKBHD”，他是一名 YouTube 的频道博主、科技评论员、网红及专业终极飞盘运动员，以他的科技 YouTube 频道 MKBHD 知名。——译者注

就显示出令人印象深刻的、紧跟时代潮流的能力，尤其是与著名的擅长营销的企业家加里·维纳查克合作推出新款鞋，此次合作符合 K-Swiss 新一轮营销活动的重点。该公司通过一个新的 K-Swiss 播客账号，提供有价值的商务见解，新播客名为“CEO 穿运动鞋”。

当耐克和阿迪达斯等运动鞋公司通过与世界上最著名的体育明星合作，以争夺在运动鞋领域的主导地位时，K-Swiss 在企业家精神方面找到了一条开放的通道，因为公司意识到，现在的年轻人往往有志于创立一番事业，他们把磨炼和拼搏看作荣誉勋章。

为了接触这批受众，K-Swiss 与维纳查克合作，并为企业创造了价值。无论是通过在社交媒体上谈论与创业相关的话题，还是打造关于企业家精神的原创内容，K-Swiss 通过提供实用的商业知识，激发人们去追逐
187 梦想，从而与人们建立了真正的联系。

如何破解 Facebook 的算法

通常情况下，Facebook 只向大约 1% 的粉丝展示你的帖子。因此，你需要接受这样的事实：如果你想充分利用 Facebook，付费广告是必要的。不过，这并不意味不能把有机产生的互动作为多方位营销战略的一部分。要重新获得有机的阅读量，首先要了解 Facebook 的算法是如何运作的。

在 Facebook 受欢迎的内容包括下面几种。

1. 简短的本地视频

Facebook 正与 YouTube 展开正面竞争，争当数字视频内容的首选平台，所以在 Facebook 上最受欢迎的形式是短视频。本地视

频指的是视频被直接上传到 Facebook 上，并可以直接在 Facebook 的新闻源播放，而不是通过链接到其他网站播放。很多品牌方常犯一个很大的错误，即把 Facebook 等同于 YouTube，并发布长视频。然而，Facebook 的受众观看自动播放视频的时间不超过 17 秒。当人们在刷手机的时候，他们只会为更出色的内容而停留，即便如此，你也只能在很短的时间内吸引你的受众。

2. 直播视频

Facebook 正在成为一个包括直播的多媒体平台，所以其算法也表现出对这类内容而不是外部链接视频的偏好。Facebook Live（Facebook 直播）看起来很复杂，但你其实只需要一个智能手机来简单记录，并让你的品牌更加人性化就可以了。无论你是 B2B 公司还是 B2C 公司，甚至是试图发展个人品牌的普通人，都可以利用直播视频来让受众更加了解你或你的公司。想想从 DJ 哈立德、金·卡戴珊和詹纳姐妹那里学到的知识，并把它们应用于你的 Facebook Live 中。 188

3. 引发话题的帖子

由于 Facebook 的目标是让人们留在平台上，以便最终能够提供更多的广告，因此其算法会优先考虑那些能够让人们参与的帖子。如果一个帖子获得大量的评论并被转发，Facebook 将更有可能在主页展示这个帖子。

要想在 Facebook 上增加帖子的浏览量，避开那些让你的帖子根本无法显示的陷阱也很重要。

你要不惜一切代价避免在 Facebook 上发布以下几种帖子。

（1）过度推销的帖子

如果一个帖子被过度推销，比如它看起来完全像一个广告，Facebook 就不会优先考虑推广你的帖子，甚至会删除它。平台的目标是让你购买广告位，而不是免费使用平台。同样，Facebook 不喜欢假新闻、点击诱饵或任何过度刺激人们离开 Facebook 转去第三方网站的行为，因为这违背了它的目标。

（2）长篇帖子

Facebook 不是博客平台，用户不愿意阅读长篇帖子。由于 Facebook 希望保持用户的参与度，因此算法不喜欢含多个句子的帖子。

（3）过度标记他人的帖子

即使你有能力在一个帖子里标记很多人，标记的人数切记不要多于 5 个。如果你在一个帖子中标记了 50 个人，Facebook 可能把你的帖子当作垃圾邮件，特别是当有人从该帖子中取消自己的标签时更是如此。

破解 Instagram 的密码

在 Instagram 上，内容的形式比质量更重要。而 Facebook 的
189 互动规则一般也适用于 Instagram。专注于创作别人想参与互动的内容，这样会提高 Instagram 向更多客户展示帖子的机会。然而，重要的是，即使拥有大量点赞、评论和被转发的帖子，也并不一定有助于提高你的品牌的参与度，而真正的互动需要真正的对话。所以，如果你管理着一个社交媒体账号，任何时候有人对你的文章发表评论，都要及时回复。很多时候品牌方将社交视为销售的机会，而不是真正进行双向对话的机会。

为了让人们真正参与营销，扩大你的有机覆盖人群，你需要创作人们想要回应和分享到自己网络上的内容。除了像 Wendy’s 这样的品牌方在数字社区管理方面做得很出色，其他品牌方发现通过创作独特、有趣和真实的内容，并勇于冒险走不寻常路，也

能取得成功。比如在 Instagram 上，一张简单的鸡蛋图片 @world_record_egg 创造了点赞数量最多的纪录，获得了 5300 多万个“赞”，而且点赞量还在不断增加。这个帖子其实就是一张鸡蛋的图片，标题写着要打破当时由凯莉·詹娜的帖子保持的点赞量的纪录。

把顾客和员工变成代言人

从主动倾听开始，你可以更进一步，让顾客和员工成为品牌的代言人。如果你注意到谁热衷于谈论你的产品，你可以找到他们，让他们为你的产品增添更多的人文元素，并扩大品牌的影响力。

比如，如果你为一家餐厅运营社交媒体，很可能已经有很多人在 Instagram、Foursquare[①] 和 Yelp 上发布关于你的食物的照片和故事。如果有人分享了关于你的品牌的精彩评论，你可以将这些信息变成新的营销内容，无论是通过转发还是向顾客询问 190
是否可以在其他的营销材料中使用他们的评论。主动通过私信或者在他们的帖子下发表评论，让他们同意与你进一步通过电子邮件来保持联系。然后，你可以请他们分享更多的与品牌相关的内容，或者创作新的原创内容。比如，你可以为选定的客户举办私人晚宴，并鼓励他们在 Instagram 和 Snapchat 上创作关于这场晚宴的体验故事。这种策略本质上是网红营销的一种形式，但不需要让网红赚取百万美元级别的代言费。每个人在自己的社交圈都是有影响力的，你可以让那些已经喜欢你的品牌并希望宣传你的

① Foursquare 是一家基于用户地理位置信息的手机服务网站，并鼓励手机用户同他人分享自己当前所在地理位置等信息。与其他网站不同，Foursquare 的用户界面主要针对手机而设计，以方便手机用户使用。——译者注

品牌的人参与品牌营销。这些举措所需的投入不多，你只需确保遵守有关广告透明度的适用规则，如果你付钱给别人发布关于你品牌的信息，或者免费为他们提供产品，他们应该主动分享这些信息。如果你的品牌有足够的知名度，你也可以通过设置一个独特的挑战或围绕产品发布在社交网络上做内容营销引起反响。比如，星巴克每年新品发布时，都促使众多社交媒体用户在自己的网络上分享有关星巴克的内容。

你也可以发动员工在自己的网络上传播关于品牌的内容。这种策略对于 B2B 公司来说特别重要，否则它们就很难使自己的产品人性化。通过给公司员工授权，让员工传播你的品牌，你会把真正的面孔与公司名称建立联系。我已经与西联汇款公司等多个品牌合作，打造员工宣传计划，我发现该计划的成功有赖于得到关键利益相关者的支持。比如，如果你希望得到人力资源部的支持，你需要向人力资源总监解释为何员工宣传计划可以宣传公司文化和帮助员工建立个人品牌，以促进员工的事业发展。你也需要向销售主管解释，为何让销售人员在社交媒体分享故事可以吸引更多人关注品牌，从而提高销售量。作为一名营销人员，你的工作就是让社交媒体营销与每一个公司内部部门相关性，为每个部门提供容易分享的内容。从公司内部起步，便可以建立一个更
191 大的数字社区，由真正的人来宣传你的品牌。

为每个平台制定策略

每个社交网络的侧重点不同。你在 Facebook 上创作的内容和与观众互动的方式与你在其他平台（如 Snapchat 或者 YouTube）的很不一样。比如，一般来说，LinkedIn 对于 B2B 公司比对于 B2C 公司更加重要。但对两者来说，发布的内容都应该是和工作

相关的。我最近在社交媒体上发布了一个问题：你会雇用一个有经验的员工还是一个有潜力的员工？我在 LinkedIn 上得到的回复远远多于在 Facebook 和 Twitter 上得到的回复。

一般来说，你在度假的时候不想谈论工作，而你在董事会上也不会谈论昨晚吃了什么甜点。同样，你可以根据受众在社交媒体中所处的位置了解他们的期望，并相应地调整自己的内容。内容的形式同样会有区别，尽管在 Facebook 发布内容的最高字数限制是 63206 个字符，比 Twitter 上的 280 个字符多得多，但这也不意味着你可以在 Facebook 上发布长篇内容。想象一下用户是多么快地划过他们的新闻源。你应该在平台的字符限制之内创作可以互动的内容。要记住，平台对于内容的偏好和算法会与时俱进，因此你要随时留意顾客和竞争对手在发什么帖子、如何进行互动，这也很重要。

同样重要的是知道身为一名营销人员，你不能制定一个一揽子策略来运营所有的社交媒体账号，也不能在不同的平台都发同样的内容。社交网络上的用户消费内容的方式是不一样的，而且每个平台都有不同的算法来决定你的浏览量。 192

可用的工具

为了使你的工作更轻松，社交媒体的工具有一个完整的生态体系，涉及从设计到社交倾听等领域。以下是一些我最喜欢的社交媒体工具。

1. Canva

工作原理：Canva 是一个简单的设计工具，可以让你为不同的社交媒体平台定制不同的设计元素。它使用拖拽的方式，并提供了一百多万张照片、多种设计图表和字体。菜鸟和资深设计师都在使用 Canva。因为它容易操作，所以我们可以把它看作“傻瓜也能用的 PS”。Canva 上的资源中免费的居多，所以你可以免费使用很多特色功能，比如模板，但根据不同的设计需求，你也许愿意付费来使用更多的资源。

2. Adobe Spark

工作原理：Adobe Spark 同样也是一个以免费资源为主的设计工具，与 Canva 类似，但综合性更强。用户使用 Adobe Spark 除了可以自行创作设计图表以外，还可以在社交媒体上制作视频。用户在 iOS 或者安卓平台下载这个应用，只需要点击几下就可以灵活使用专业的设计模版。选择你的照片，添加文字，然后选择设计滤镜就可以完成漂亮的图像设计了。记住，使用 Adobe Spark 是为了更好地展示内容而不是为了推销。

3. Buffer

工作原理：Buffer 是一个免费的社交媒体预设定工具，你可以将帖子提前上传并在预定的日期和时间点自动发布帖子。因为你想让自己的账号看起来是一个真人管理的账号，所以不能只依赖定点发布的帖子。然而，Buffer 是一个特别好用的社交媒体工具，不仅可以节省时间，还可以让你更有条理地工作，比如，当你计划发布一种新产品或者计划在一个特殊的日子发布一个视频，Buffer 就能帮上大忙。Buffer 还有一系列设计和分析功能，
193 可以供用户使用。

4. Hootsuite

工作原理：就像 Canva 和 Adobe Spark 之间存在竞争关系一样，Buffer 也有竞争者，那就是 Hootsuite。Hootsuite 同样允许你设定帖子发布的时间，并会分析你的社交媒体流量。琢磨这些不同平台的网站，并利用免费试用功能看看哪一种工具最适合为你的品牌服务。

5. Sprout Social

工作原理：Sprout Social 是一款综合性的社交媒体营销工具，作用与 Hootsuite 和 Buffer 类似，但功能更全面。Sprout Social 具有社交媒体监听功能，可以帮助你追踪客户在社交媒体上谈论的内容。与上面列出的工具不同，Sprout Social 不提供免费版本，只提供免费试用版。

6. Mailchimp

工作原理：虽然从技术上来说，Mailchimp 不是一个社交媒体工具，但 Malichimp 或者其他电子邮件营销平台可被当作你的社交媒体营销工具。正如我在本书中所说的，作为一个营销人员，你的工作是捕捉客户的数据。一旦你在社交媒体上与客户建立了联系，并开始收集他们的电子邮件地址，使用 Mailchimp 等平台作为低成本的客户关系管理工具，便可以将客户划分到不同的名单中，然后可以从这些名单中发送邀请互动的电子邮件，让对话保持下去，无须依赖社交媒体。

7. TubeBuddy

工作原理：TubeBuddy 是 Google 浏览器的一个插件，有
免费版本和高级版本。你可以在以下网站下载并试用其功能：
Tubebuddy.com/carlos。有了 TubeBuddy，你可以获得十几种对发 194
展你的 YouTube 频道至关重要的工具和功能，包括建议在你的视
频中插入什么标签，以及查看你的视频在搜索结果中的排名。

常见问题

说完了社交媒体工具，下面是我在会议或网络研讨会上最常遇见的问题，其中一些问题你可能也在一边读本书时，一边问自己。

我必须在每个社交网络上都建立账号吗？

答：不需要。

原因在于：在每一个社交网络上都有账号能提高知名度，尽管这个想法很诱人，但其实这意味着你要承担很多工作。与其创建账户只是为了上传个人资料，不如更有针对性地选择社交网络。这意味着，与其为了在早期占位而加入一个较新的社交网络如 Vero 或 TikTok，还不如在 Instagram 和 YouTube 上挖掘现有的社群。你应该致力于留在客户所在的社交网络上。因为在那里你可以得到最重要的阅读量。有一个简单的方法来确定使用哪些社交网络，那就是直接询问你的客户关注哪个社交网络。如果他们不在 Pinterest① 上，那就不需要在上面花费大量的时间和精力。

另一个好方法是，询问自己能给社交网络带来什么价值。如果你不能创作出社交网络用户想看的内容，那就把你的精力放在其他地方。如果你有时间和资源来制作出色的视频，那么你应该在 YouTube 上注册一个账号，这样就可以在观众最喜欢的平台上分享这些视频。但如果你没有视频制作的特长，就放弃 YouTube
195 吧，你也不要因为不在那里而感到内疚。

哪个更适合我的业务，Snapchat 还是 Instagram？

答：Instagram。

原因在于：其实 Snapchat 和 Instagram 都在千禧一代和 Z 世代中广泛流行。最初，这两者主要的区别在于，你在 Snapchat

---

① Pinterest 是世界上最大的图片社交分享网站，允许用户创建和管理主题图片集合，比如事件、兴趣和爱好。——译者注

上发布的照片和视频只在几秒钟内可见，然后永远消失，这一点与 Instagram 不同。Instagram 通过 Instagram Stories 的形式推出了阅完即毁的“snaps”版本。虽然这两种方式对你的营销策略有利，但因为视频内容是以消失的短篇故事形式分享的，所以你也需要投入大量时间。因为它们会消失，所以你必须不断地创建内容，来保持和用户的联系，这需要你投入更多的工作。然而，你可以在平台上做广告，并不意味着你应该这么做，特别是当你的营销部门规模较小或者当你的能力有限时。

在分配营销资金之前，要考虑 Snapchat 和 Instagram 的关键区别。使用 Instagram 的其中一个最重要的好处是，你创作的视频不会消失。所以，你创作的视频可以被输入你的标签的用户有机地发现。另外，你还可以将你的网站链接到个人资料上。Snapchat 则有所不同。虽然 Snapchat 也有一个“发现”功能，但在用户友好程度上，这个功能并没有 Instagram 的“搜索”和“探索”功能好用，并且由于 Snapchat 故事的临时性，内容的深度和广度都不存在。基于这两点，Instagram 是明显的赢家。

我的用户名需要保持一致吗?

答：你的用户名需要保持一致。

原因在于：用户名一致不仅让你更容易宣传你的社交媒体账号名称（social media handles）①，而且更容易让粉丝找到你并标记你。你在社交网络的账号名称不一致，会容易引起混淆。如果你在 Twitter 上转引自己在 Instagram 上发布的照片，而两个账号名称不一样，会让事情变得复杂。难免有人会在 Twitter 上

① 社交媒体账号名称是指在社交媒体上，每个用户选择的公开的用户名，它有可能与真名相同，也可能是笔名。——译者注

@ 你在 Instagram 上的账号，或者在 Instagram 上 @ 你在 Twitter 上的账号，那么你会失去许多与用户互动的机会。

目前，不仅域名重要，用户名也很重要，因为用户名还会出现在你的个人资料网址中，所以用户名和域名具有同样的作用。更重要的是，要使用户名在不同的社交网络上保持一致。我最大的遗憾之一是没有保住 @CarlosGil 的用户名，而我在 Twitter 和 Instagram 上的用户名是 @CarlosGil83，与在 LinkedIn、Facebook
196 和 YouTube 上的用户名和网址都不同。

我应该分享哪种类型的内容？

答：你的客户想看到的内容。

原因在于：最重要的是了解你的理想客户。如果你能充分了解他们的生活方式、需求和痛苦，将更容易为客户创建或寻找相关内容，并确保客户会喜欢和分享这些内容。除此之外，请关注行业中有影响力的人和创作优秀内容的用户，并分享他们的内容。

你也可以搜索相关话题或查看 Twitter 和 Instagram 上的热搜话题，了解人们现在正在谈论什么，然后加入这些对话。创意的产生是最难的，所以就从你的受众中收集想法吧。询问你的粉丝或理想客户，他们希望看到什么。你也可以请你的员工每月贡献一篇推文。当你们分工合作时，你就没那么大压力，而且会产生更多的想法。

怎样才能拥有更多的粉丝？

答：你不需要更多的粉丝，你需要的是更多的购买者。

原因在于：无论在哪个社交网络上，粉丝的质量比数量更重要。你需要的是那些会参与你内容互动的粉丝，而不只是增加你的粉丝数量。因此，不要担心你有多少粉丝——这只是一个虚荣指标。

相反，要更关注购买者和忠诚的品牌拥护者的数量。由于人们被来自多个平台的内容“轰炸”，你必须给别人一个足够令人信服的理由来关注你。你不仅需求粉丝关注你，还要吸引他们的注意力，而 197
注意力是一种有限的资源。为什么他们要关注你而不关注别人？

如何在 Facebook 上获得有机阅读量？

答：让 Facebook 用户留在 Facebook 上。

原因在于：Facebook 公开表示，它的算法更偏向于个人发布的内容，而不是品牌或公司页面的内容。如今，在你的粉丝中，只有不到 1% 的人会在他们的新闻源中看到你的公司发布的内容。可以说，Facebook 已经成为品牌的“付费平台”。以下是你可以做的事情，来重新获得 Facebook 上的真实阅读量，而不需要通过付费来接触你的粉丝。

提高 Facebook 真实阅读量的清单

- 直接在 Facebook 上发布本地内容，而不是使用第三方缓冲工具。
- 将流量留在 Facebook 平台上，而不是试图将用户带到你的公司网站或者 YouTube 上。如果你在内容中加入外部网站的链接，Facebook 算法很有可能降低你的内容优先级。
- 使用 Facebook Live，每周由公司账号主持和制作一个节目。或者利用 Facebook Live 进行产品演示。通过使用 Facebook Live 服务，Facebook 会向你的粉丝发送直播开始的通知。
- 与其发布外部链接指向公司的博客，不如尝试使用 Facebook Notes，在 Facebook 上撰写博客。
- 为参与度最高的粉丝或行业相关话题创建群组。

如何骗过 Facebook 的算法?

答：回复旧帖子的评论。

原因在于：如果一名 Facebook 用户长时间不访问品牌的商务
198 页面，或者他们不刻意访问品牌的页面，他们很可能永远不会再看到品牌的内容，除非你付费刊登广告，或者他们的好友中有人参与你的商务页面内容的互动。

最佳做法是，你应该在帖子发布后的 24 小时内回复商务页面上的所有评论，然而，有可能这些年你已经忽略了与粉丝互动的机会。通过回复或评论你的商务页面上的旧帖子，你将骗过 Facebook 的算法，它会认为你的帖子是全新的，并且有很强的相关性，同时通知之前评论过你的帖子的用户。

要吸引粉丝重新回到 Facebook 商务页面上，请完成以下步骤。

1. 在你的商务页面上，回复每一位用户留下的评论。即使是之前的帖子，Facebook 仍然会通知用户，让他们有可能访问你的页面。

2. 利用 Facebook Page Insights（Facebook 页面分析工具），找到你在过去一年中浏览量最高和互动最多的帖子。点赞并回复每一个对你的帖子发表评论的用户。这样做会触发 Facebook 通知这些用户，同时也会让帖子重新出现在新闻源中，就像新的帖子一样。

3. 最后，运行 Facebook 广告，目标是在过去 12 个月内为你的内容点赞或参与你的内容互动的粉丝。要做到这一点，你需要创建一个自定义访问群体。

我刚接触 YouTube，应该从哪里开始?

答：你能教别人什么？

原因在于：从表面上看，人们可能把 YouTube 看作观看音乐视频、打在线视频游戏、收看自己最喜欢的视频日志的平台。然而，对于企业和创意工作者来说，作为网上搜索量第二的网站，YouTube 是一座尚未开发的“金矿”。

活跃在 YouTube 上可以帮助你获得宝贵的网站访问量，并
且你发布的视频可以带动潜在客户。因为 YouTube 是 Google 旗 199
下的品牌，所以你在 YouTube 上发布的视频也可以通过 Google
搜索到。与传统的 Google 搜索相比，如果你上传到 YouTube 上
的视频主题与你的专业相关，你的视频被人发现的可能性更高。

我应该使用话题标签吗？

答：应该也不应该。

原因在于：社交媒体话题标签最初只在 Twitter 上使用，如今 Twitter 上的所有内容都可以根据推文中的关键词进行搜索。同样，Facebook 也会抓取帖子中的关键词。因此，你不需要使用话题标签。然而，在像 LinkedIn 或 Instagram 这样的社交媒体上，如果在你的帖子中添加与内容相关的话题标签，可以提高非关注者看到你的内容的可能性。为了增加你的帖子的浏览量，你可以尝试在帖子中添加热门话题的标签。但是要注意，你的帖子一定要与这些话题有相关性，否则会被视为垃圾信息。

当你为 LinkedIn 写一篇社交媒体文章或者为 Instagram 设置标题和图片说明时，要注意从终端用户的角度来观察：你使用的话题将如何呈现；相对于内容，话题标签不能太过于喧宾夺主。因此，我的建议是，在 Instagram 的帖子上，只在评论部分使用话题标签，而在 LinkedIn 的文章里，只使用 LinkedIn 建议的一两个话题标签。

要想获得一万个订阅者，请按照下面的清单操作。

增加订阅者的清单

- 2014年，在做全职工作的同时，我开始运营自己的YouTube频道，以视频日志的形式记录我的生活，由于没有太多的浏览量，我放弃了这个频道。直到我开始录制如何使用社交媒体进行营销的教程式视频，就像今天你看到的视频一样，我的目标才变得清晰起来。那么，你上YouTube的目的是什么？
- 你应该研究一下目前已有的同类型或同类别的视频，以为自己的YouTube频道获得浏览量和后续订阅量。我在YouTube上创作视频的过程是，首先写出我感兴趣的主题及标题，然后研究Google和YouTube，查看一下已有的内容和排名靠前的视频标题。
- 你需要确保你的视频上有关键词作为标签，以提高被发现的可能。有了TubeBuddy①，你可以得到关于在视频中插入哪些标签的建议，以及查看你的视频在搜索结果中的排名情况。
- 要时刻谨记人们在Google或YouTube上搜索“如何做”的目的有两个：娱乐和获取知识。
- 我从商务人士那里听到的最常见的反对意见是：没有设备、不会剪辑和没有时间。如果你在经营一个小企业并需要制作营销内容，可以考虑雇用一名自由职业者，他每周能帮你拍
200 摄和编辑营销内容。

① TubeBuddy既是一款免费的浏览器扩展程序，也是Premier YouTube频道管理和视频优化工具包。——译者注

为什么我的员工应该成为更好的故事讲述者?

答：因为他们能让你的公司变得真实和可亲。

原因在于：在社交媒体上讲故事是一种由 Snapchat、Instagram 以及 YouTube 名人掀起的新型的内容营销形式。消费者厌倦了由品牌方发送的看起来像广告一样的内容；而讲故事是一种策略，让人们不需要依赖专业制作的内容，并且能让个人和企业显得真实和可亲。把你的企业想象成一个大型的真人秀，由员工扮演不同的角色来讲故事。

在社交媒体上讲好故事的关键不在于社交媒体平台，而在于你想表达的内容。因为故事一般会在发布后 24 小时内消失，故事越简短、越能吸引人的注意力越好，这样会促使用户采取特定的 201
行动。最佳做法是，你应该尽可能地用故事板来编故事，故事要有开头、中间部分和结尾。

公司可以围绕一个新产品的发布来构思故事，用于产品演示；员工可以经常负责运营公司的 Snapchat 或 Instagram 账号，并描述他们“生活中的一天”；公司也可以付报酬让有影响力的网红来负责运营品牌账号。

Facebook 会消失吗?

答：它不会消失。

原因在于：Facebook 仍然是领先的社交媒体，活跃用户超过 20 亿人，而 Instagram 的活跃用户超过 10 亿人。在过去的几年里，拥有 Instagram 的 Facebook 对快拍、直播视频和 Facebook 观看等进行了功能升级，以使帮助用户提高所发布内容的质量，并与 YouTube 竞争。现在 Facebook 成为用户观看视频时的首选。

Facebook 是世界上最具影响力的公司之一，它不会消失。

我的行业很“枯燥”，我还需要社交媒体吗？

答：是的，你需要社交媒体。

原因在于：社交媒体并不只是为运动员、名人、网红和知名品牌服务的。对于营销来说，其目的是覆盖目标顾客最关注的地方。而在过去的 10 多年里，他们最关注的一直是社交媒体。78% 的美国人拥有至少一个社交媒体账号，所以你的目标顾客很可能活跃于至少一个主要的社交网络。

请记住，社交媒体不是可以大声喊出你的广告词的平台。相反，应该在社交媒体上教育和娱乐你的客户。比如，税务对于大多数非会计人员来说是很无聊的，但是 H&R Block[1] 能推出有趣的社交媒体活动，让你一想到纳税季时不会再感到
202 畏惧。

网红营销有用吗？

答：有用，但它有一定的局限。

原因在于：网红营销行业已经是一个价值数十亿美元的行业。网红营销已替代平面和电视媒体广告等传统营销方式，其价值将继续增长。然而，目前网红营销存在明显问题，比如网红购买假粉丝和互动数据。企业应该培养自己的网红。

---

① H&R Block 是美国最大的连锁税务服务供应商，在美国经营税务门店 10000 多家，2017 年提交了近 2300 万份纳税申报单，营收超过 30 亿美元。但随着报税服务不断网络化，H&R Block 的业务受到冲击，营收增长基本停滞。——译者注

一个有影响力的人不需要在网络上有名，也可以具有影响力。有影响力的人可能是现有的客户，他们已经在无偿地谈论品牌，有影响力的人甚至可能是你的员工。无论你认为谁是有影响力的人，都可以直接与他们接触，让他们在博客和社交媒体上推荐你的公司或服务，或者让他们以视频的形式在 YouTube 上发表评论。

我如何与品牌方合作?

答案：你应该与品牌方直接接触。

原因在于：如果你想与品牌方合作并获得赞助，你必须直接去找品牌方，并告诉它们你的潜在价值。我的建议是永远不要用你的粉丝量来说事，因为正如我在书中分享的那样，“租”粉丝只是解决更大问题的临时性措施。相反，你需要做的是向品牌方说明你能为它们创作的内容。品牌方不需要你的粉丝，它们需要的是你的内容。

两个最容易推介品牌的平台是 Instagram 和 Twitter，你可以直接给这两个平台发消息。你要提到你想与品牌方“合作”，并想知道它们是否会与网红和创意工作者“合作”。通过使用诸如“合作”和“伙伴”等词语，你可以使你的推介更有个性和吸引力。此外，首先联系你已经购买过产品的品牌方。 203

没人告诉我的最大“秘密”是什么?

答：你发布的上一条帖子就代表你的水平。

原因在于：这适用于任何社交网络，你发布的上一条帖子就代表你的水平。一个帖子的生命周期相对较短，只有在有参与度的情况下，帖子才具有相关性。帖子的参与度就像氧气一样，因此，你应该始终致力于为目标顾客提供有教育或娱乐价值的内容。

最重要的是：要有社交性

虽然使用工具可以帮助你提升营销内容质量，并与你的顾客互动，但是在社交媒体上获得成功的关键是始终忠诚于社交网络的创立目的。如果你创作的营销内容具有社交性和真实性，你将
204 能够在这个数字海洋中掀起波澜。

第十二章

全新疆域

当我开始写本书的时候，我知道市面上已经有数以千计关于如何使用社交媒体的书籍，我想从中脱颖而出。我希望它不仅是一本书，而且是一张地图，可以指引营销人员在网络中不落伍。虽然多年以前，我就有机会写一本关于如何创建个人品牌以及如何进行社交媒体营销的书，但当时我感觉时机尚未成熟，因为我还需要在个人成长和事业上取得更大的进步。

从一个初期创业者到成为能够为 LinkedIn 等企业提供服务的营销高管，我在社交媒体营销业务方面，拥有许多宝贵的实践经验和观点。

然而，正是因为我对求知的热情才使我能够不断发展，要在一个持续进化的领域里成为专家或大师，我也需要不断的自我成长。在企业利用社交媒体进行营销的时代，我有幸可以直接向那些前辈学习，如塞思 · 高汀（Seth Godin）[①]、布赖恩 · 索利

---

① 塞思 · 高汀曾经是互联网高管、社交媒体营销专家、演说家及畅销书作家。——译者注

斯（Brian Solis）[①]、杰·贝尔（Jay Bayer）[②]和加里·维纳查克。我不仅受益于他们的传授的知识，在职业生涯中一直把它们应用至今，并且我还从他们身上得知，一本书应该提供新的视角和对未来世界的愿景，而书的作者应该去做一名开拓者。

《营销的终结》的写作前提是让你的公司生存下去。到2030年，你将需要建立一个以人为本的企业，更多关注那些让企业运
205 转的人（如顾客和员工），少关注一些品牌标识、产品和服务。虽然从商业概念的角度来说，选择顾客所在的数字平台以及以人为本并不新鲜，然而，完全用面孔来作为你的数字品牌标识确实是一个新概念。

事实上，这也适用于本书的诞生过程。我通过一个社交媒体的帖子了解到Kogan Page，并由迈克尔·布里托（Michael Brito）将我介绍给该出版公司的编辑。迈克尔也是同一家出版社的出版作家，著有《参与营销：让员工成为品牌故事的讲述者》（*Participation Marketing: Unleashing Employees to Participate and Become Brand Storytellers*）。尽管之前没有向任何其他出版商投稿，但是我还是通过Facebook Messenger，在与我喜欢的杰克逊维尔美洲虎队聊天的间隙询问迈克尔，是否能为我向他熟悉的出版公司做一个热情的推荐。我想说的重点是关系的价值。如果不是迈克尔的介绍，我可能永远不会完成这本书。

就像迈克尔愿意帮助我一样，我们都被所遇到的人、发展的关系、获得的经验所塑造。品牌与顾客之间的一次奇妙体验有可

---

① 布赖恩·索利斯是一位数字分析师、演说家和作家。他是Salesforce的首席分析师，研究破坏性技术及其对业务的影响，该研究公司于2015年被全球品牌管理咨询公司Prophet收购。索利斯发布年度行业报告，以跟踪技术和业务发展趋势。——译者注

② 杰·贝尔是市场营销专家、创业者、畅销书作家及演说家。——译者注

能会使顾客成为公司最杰出的倡导者，因为公司表现出数字同理心并倾听顾客心声。同样，让员工为公司代言，表明你已经与员工之间相互信任。在外界看来，这表明你关心员工，并创造了一个让员工受到重视的工作环境。

我热衷于将以人为本作为一种商业战略，不仅是因为我的亲身经历——在我的整个职业生涯坚持这个战略，而且还有案例为证。根据 Re:Create Coalition 发布的研究报告《线上内容创作者如何赚钱》，在 2017 年，美国有 1700 万人通过在网上发布内容赚钱，而 YouTube 上的创作者赚了近 40 亿美元，比 2016 年同比增长 20%。相比之下，美国的制造业工人只有 1200 万人（Feldman，2019）。创客经济是一个大产业，存在于一个更广泛的行业内，
就像社交网络直接伪装成数字广告媒体一样。除非你作为一个企 206
业主接受这样一个事实，即你的竞争对手不再只是你的同行业公司，你也在与真实的人竞争，否则，你的业务到最后将不再具有数字相关性，甚至有可能不复存在。

进化或消失

如果你想知道未来会发生什么，请参照十年前的情况来推断。当乔布斯和苹果公司在 2007 年发布了苹果手机（iPhone），并在 2008 年发布了 App Store，世界就此改变了。从那时起，我们对技术和即时访问的依赖性越来越强。比如，我在 20 世纪 90 年代使用的索尼随身听（Walkman）现在已经内置到我的苹果手机中，我通过 Apple Music 或 Spotify 拥有歌曲数量众多的曲库。我再也不用开车去商场，然后去停车场停车，再步行去音乐唱片店买一整张 CD，只为了两首好歌，而不得不忍受同一张唱片中其余的十几首歌。再说说可怜的柯达（Kodak），它曾经是一家价

值十亿美元的公司，历史长达130多年，在20世纪大部分时间里主宰摄影胶片和相机行业的发展，却因智能手机与高清相机的兴起而破产。摄影也从一个技术性行业或个人爱好，变成人人都会做的事。

对于婴儿潮一代和千禧一代来说，苹果手机让他们的生活更便利。同时，对于Z世代来说，苹果手机就是他们全部认知的来源。除了可以24小时不间断地、无限制地接入互联网外，可以装到口袋里的苹果手机还是一个移动设备，人们可以随时随地消费数字内容，无论是音乐、电影或与他人联系。与使用社交媒体相比，人们现在每天会在手机上花多少时间来打电话和收发短信呢？

在我的“设置”菜单中快速查看“屏幕使用时间”，我的苹果手机显示，我平均每天花5小时26分钟使用手机，这几乎占一
207 天24小时的1/4。

根据我平均每天使用手机的时间，可以计算出我每周花在苹果手机上的时间总和。那么，我每年使用手机的时间将近2190个小时，或者说约91个完整的工作日。也就是在一年中，我的1/4时间被苹果手机和它的技术占据了。

在某种意义上，我们已经变成“数字化时代的奴隶”。一旦你依赖某种科技，你就成了科技的奴隶，离开了科技，你就无法生存。要是没有Facebook或Instagram，许多人会完全失去他们的身份。在很多方面，我们已经成为“被数字奴役的人类机器人”。当你把社交媒体的属性考虑进去时，我们也是平民记者。然而，理解我们作为人类将如何进化的这种范式转变，最终将使
208 你成为一个更好的商业经营者。

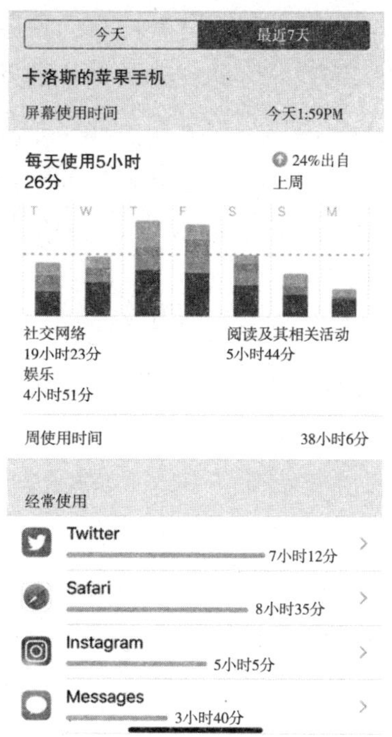

图12-1　卡洛斯·吉尔的手机屏幕使用时间数据

资料来源：卡洛斯·吉尔的手机。

如何继续吸引新的受众

一旦你接受了社交媒体在过去十年中带来的范式转变，你就会明白，这种转变还在继续。要使企业继续与人类共同发展，你需要时刻关注即将发生的事情，并保持领先地位，或者至少不要被落下。有三项技术可以吸引新的受众，它们是语音、虚拟现实和增强现实。

苹果的Siri、亚马逊的Alexa和谷歌助手在我们的生活中越来越常见。最终，Alexa能够通过你的Amazon Prime账户帮你订购食品杂货，而 Siri 会推荐你收听最喜欢的播客。企业与消费者越来越离不开个性化的元素。从现在开始，建立有意义的人际关系至关重要，而且要更重视人际关系的质量。另外。随着语音营销知名度的提高，公司播客可以为你提供另一个分销媒体，可以覆盖家和公司里的潜在客户，它们不再需要依赖社交媒体或者访问你的网站来认识你。

接着我们谈一下虚拟现实技术和增强现实技术，这两种技术有不同的用途。虚拟现实技术的功能是阻隔我们身边的物
209 理世界，将我们带入一个虚拟的世界。而增强现实技术则是将虚拟信息添加到现实世界中，这意味着用户能同时感知两个世界。

根据由全球议程理事会（Global Agenda Council）关于软件与社会未来的研究（世界经济论坛，2015 年），估计到 2030 年，这些技术将加速物理和数字身份的合并。增强现实技术将作为一种学习工具，提高个人的培训水平。虚拟现实技术将使用户有可能沉浸在其他场景中，从而为未来做准备。

Facebook 拥有虚拟现实技术的硬件和软件的最大的制造商之一 Oculus VR，并推出了“Facebook Spaces”，它带来一种完全沉浸式的体验，你可以在虚拟现实中与你的 Facebook 好友进行互动。现在我化身为一个阴谋论者。如果说随着苹果手机的出现，我们已经习惯了在移动设备上消费内容，但我们的习惯需要依靠一个设备来实现。如果设备不再是主要的切入点，我们可以在没有手机的情况下访问互联网和社交媒体，甚至可以在“网上”和朋友一起玩，只要戴着耳机就行。实际上，这已经不是是否会发生的问题，而是何时会发生的问题。所以我建议你不要放弃

Facebook。我们需要等等才能看到 Facebook 称霸世界的计划。

而增强现实技术的早期先驱之一是 Snapchat。因为其流行的面部滤镜和镜头，Snapchat 的母公司 Snap Inc. 自称是一家“相机公司”，它可以让你在使用 Snapchat 时，将你的苹果手机的相机镜头转换为增强现实投影仪，相当于你进入 Snapchat 的应用里面。到目前为止，已经有几十家高端品牌入驻 Snapchat，包括 Kay Jewelers（美国珠宝零售集团）和 CoverGirl（美国彩妆品牌）在内的品牌利用 Snapchat 的 AR 功能，这么做可以让顾客以虚拟方式试戴珠宝和试用化妆品，同时麦当劳和百威啤酒也使用了 Snapchat 的 AR 功能来吸引年轻群体，利用“快照”来进行产品植入式营销[1]。

技术的进步将继续使世界成为一个互相连接的生态系统，为了让你的业务到 2030 年不会被取代，你必须关注人和平台。 210

千禧一代与高级管理层

这里有一个值得思考的问题：千禧一代很快会成长为大多数公司的高级主管（C-level executives），而且到 2030 年前后，美国可能会有一位千禧一代的总统。据估计，到 2030 年，美国的千禧一代将有 7800 万人，而婴儿潮一代仅有 5600 万人，千禧一代的购买力将大大提高（Statista，2019）。此外，在未来十年，Z 世代将是史上最重要的消费一代。这段话其实是一个铺垫。如果你的公司计划在未来一段时间内继续经营，那么你

---

① 产品植入（product placement）式营销又称嵌入式营销，是指在影视节目中引入特定品牌或产品，具有特定宣传意图的一种营销手段。——译者注

必须想办法与千禧一代以及之后的 Z 世代建立关系。然而，要和这两个从小在社交媒体中长大的群体建立关系，你必须在网络上无懈可击，并给他们的生活带来意义，而不是刻意地宣传和推销。比如，研究一下很受大众欢迎的科切拉音乐艺术节（Coachella）[①] 或者西南偏南多元创新大会和艺术节（SXSW, South by Southwest Conference & Festivals）[②] 等类似的活动，问问自己：我的公司要怎么做才能接触这些受众？你不仅可以发送相关话题的推文，还可以举办艺术节、音乐会和大型活动。而这些受众会想在社交媒体上分享这些活动以及他们对你的品牌的体验。

在未来，营销内容将不再由品牌推送，而是由消费者代表公司发送品牌内容，比如品牌方赞助的动图、照相亭活动和体验视频。如果顾客分享你的品牌内容，他们就是你营销活动中的明星。

平台

人类从千禧一代发展到 Z 世代，所有的平台也会随之发展。
211 虽然 Facebook 和 YouTube 不会和 AOL 和 MySpace 一样遭受同
样的命运，但我们使用平台的方式将发生改变。最终，Facebook

---

① 科切拉音乐艺术节是世界上参加人数最多的音乐节之一，从 1999 年起每年 4 月的两个周末在美国加州“沙漠城市”印地奥（Indio）举行。音乐节现场巨星云集，每年会有许多艺术家在该艺术节期间搭建巨型的装置作品。每年从 1 月份开始在网上发售该艺术节套票，通常在数小时后销售完，单日入场人数可达到 99000 人的场地上限。——译者注

② 西南偏南多元创新大会和艺术节是每年在美国得克萨斯州奥斯汀举行的一系列电影、互动式多媒体和音乐的大会和艺术节。它始于 1987 年，原定在 2020 年 3 月 13 ~ 22 日举行的西南偏南多元创新大会和艺术节因为疫情影响而取消。——译者注

和 YouTube 将取代有线电视服务提供商。Google 旗下的 YouTube 目前已经有了电视流媒体服务（YouTube TV），提供有线电视服务提供商能提供的所有频道。预计 Facebook Watch 也将成为一个独立的网络，类似 Amazon Prime 和 Netflix，不过其原创内容是由互联网的创意工作者来制作，这将是与 YouTubeTV 竞争的关键差异化因素。从长远来看，Facebook 和 YouTube 都将更像媒体。

那么，这会让你和你的公司何去何从？从现在开始通过 Facebook Stories 和 Facebook Live 频道创建每周系列节目。注意 Facebook 为视频创作者提供的内置“模板”功能，或者注册一个 Facebook 创作者账号（Facebook for Creators）。如果你有电子商务业务，可以直接向消费者销售产品和服务，Facebook 已拥有一套强大的功能，让你可以运行直接面对消费者（Direto to Customers，DTC）的营销①业务，包括与 Shopify 的整合，这消除了将广告转化为网站访问量的障碍。在未来十年“社会化商务”会变得更重要。你的 Facebook 商务页面将作为一个新的平台和一个数字店面，顾客可以在上面购买商品、留下实时评论，并对你的品牌进行评价，就像留下 Yelp 评论一样。虽然 Amazon 现在还不是一个社交网络，但如果未来在 Amazon Prime 的媒体和服务套件中加入社交网络的特质，那么看到 Amazon 以社交网络的身份与 Facebook 相抗衡，也不会让人感到惊讶。

---

① 直接面对消费者的营销指品牌制造商通过电子商务网站、邮购或品牌零售商将品牌商品直接卖给消费者。所有的 DTC 品牌都是 B2C，但并不是所有的 B2C 公司都有 DTC 业务，因为大多数公司的产品来源是制造商或其他零售商。——译者注

最后分享一些想法

Facebook 会继续免费吗?

答：不会。

原因在于：Facebook 一直免费的原因有两个。其一，
212 Facebook 自成立以来一直采用获取用户的增长模式。Facebook 用户免费注册 Facebook，除了必须年满 13 岁以外，没有任何注册障碍。其二，Facebook 可以将用户数据出售给第三方，包括品牌广告商。据报道，拥有超过 20 亿月用户的 Facebook 在 2017 年赚了 406.5 亿美元，其中 399.4 亿美元来自广告收入（Dreyfuss，2019）。根据 Recode 的一篇文章，截至 2017 年，移动广告支出高于桌面广告，并且随着越来越多的个人拥有智能手机，移动广告支出只会继续飙升（Molla，2019）。

Recode 在同一篇文章中还透露，2019 年，个人平均每天消费 400 分钟的内容，其中电视获得了最重要的市场份额，达到 164 分钟，而移动互联网达到 122 分钟。最终，Facebook 的发展将达到上线，增长将放缓。随着剑桥分析公司的丑闻曝光，社交网络存在人们关注的隐私问题。Facebook 最终可能会推出一个高级订阅服务，以弥补潜在的广告收入损失。Facebook 还将为数百万希望在其新闻源中去掉广告的会员创建一个新的损益表项目，类似于 Spotify 和 Pandora 提供优质和免费的服务版本。

Facebook 和 YouTube 将在接下来的十年称霸社交网络，而我们很可能会看到社交网络的整合，包括品牌削减社交媒体的账号、越来越少的社交媒体创业公司、越来越多的能与 Facebook、Messenger、WhatsApp 甚至 Slack 整合的新应用工具。至于

Snapchat 的母公司 Snap Inc.，因为它对年轻顾客极具吸引力，它可能被迪士尼公司（The Walt Disney Company）收购，也可能被 NBC 环球影业收购，后者试图将母公司康卡斯特集团（Comcast）转型为基于移动网络的微内容网络。至于 Twitter，如果它被 IBM 这样的科技巨头收购，消费者却没有察觉有何变化，那么微软收购 LinkedIn 也就不足为奇了。 213

哪些新兴社交网络平台值得关注？

答：TikTok、Twitch 和 Reddit。

原因在于：最终，年轻的消费者即 Z 世代将“长大”，就像曾经使用 AOL、MySpace 和 Facebook 的千禧一代一样。然而，你的公司是否应该现在就急着使用 TikTok、Twitch 或 Reddit 呢？答案是否定的。如果你没有迫切的业务需求，或者你目前还没有尝试覆盖这些受众，可以先看看这些平台在未来将如何发展。

我最愿意花时间去了解的社交网络平台是 Reddit，但其实 Reddit 并不是刚建立的，它成立于 2005 年，是一个集新闻、网络内容评级和讨论于一体的网站，类似于 20 世纪 90 年代的老式留言板。它也是网上访问量最大的网站之一。注册会员向网站提交内容，如链接、文本帖子和图像，然后由其他成员进行投票。坦率地说，如果利用得当，它可以在推动网站点击量、可选择电子邮件[①]和增加订阅者方面有让人惊喜的表现。然而，这里有一个问题，因为 Reddit 社区其实是反营销的，因此你应该以普通人而

① 可选择电子邮件（Email opt-in）是电子邮件营销的一种形式，指用户允许某些品牌方的邮件直达自己的邮箱。许可式电子邮件和垃圾邮件的区别在于，用户可以选择随时脱离品牌方的邮件列表，避免被打扰。——译者注

不是品牌方的身份参加 Reddit 的讨论，这一点其实就是本书一直在强调的。要增加你在 Reddit 上的存在感，首先要做到的是积极地参与与行业发展或者与你的客户相关话题的数字社区讨论。

我认为 Twitch 是下一个最有前途的社交网络平台，值得研究一下。Amazon 旗下的 Twitch 是一个视频直播平台，其中 81.5% 的用户为男性，而 55% 的用户年龄在 18 ~ 34 岁（Twitch，2019）。虽然 Twitch 没有像 Facebook 甚至 Snapchat 一样规模的用户群，每日只有约 1500 万活跃用户，但是由于视频游戏和电子竞技的日益普及，Twitch 上的用户平均每天花 95 分钟浏览流媒体视频内容。如果你想进入 YouTube 大厦的第一层，Twitch 就是最佳场所。从 Totino’s Pizza Rolls 在第五十届超级碗美式橄榄球联赛期间赞助举行的首届“跳跳椅杯”（Bucking Couch
214 Bowl，一场由 Twitch 的最佳游戏玩家在跳跳椅上进行的决赛），到游戏玩家在直播一开始就插播 Taco Bell 等品牌赞助商的广告，Twitch 已经成为网红的天堂，也可以成为你的天堂。

TikTok 值得关注，但我建议要谨慎，除非你的目标顾客的年龄在 13 ~ 18 岁。TikTok 的前身是 Musical.ly，在中国被称为抖音，是一款用于创建和分享短视频的 iOS 和 Android 媒体应用程序。该应用程序允许用户创建 3 ~ 15 秒的音乐短视频和 3 ~ 60 秒的循环短视频。它是在亚洲、美国和其他地区领先的快速视频平台，估计每月有 5 亿活跃用户。我之所以对 TikTok 持怀疑态度，是因为我们之前见过类似的应用程序，被称为 Vine，它被 Twitter 收购。虽然年轻群体非常容易对 TikTok 上瘾，但品牌方要想吸引这些受众，要么需要大量的人才（正如我们已经谈到的那样，这些人才是天然缺乏的），要么需要大量资源来雇用 TikTok 的网红进行产品植入，为品牌宣传。

全新的市场营销部

伴随我们重新关注如何利用社交媒体来增加市场份额及竞争的话语权，绩效考核指标也会被重新定义。过去，品牌营销人员的绩效考核指标是广告展示数量、粉丝增长量和参与度，而我们现在将需要报告更新的指标，如参与度回报率（return on engagement），以衡量公司与新顾客或者回头客完成一定程度的 215
接触后产生的新收入。此外，在评价自己的数字社区时，要加上一项得分——客户相关性得分，判断依据是统计数字社区里的用户提及你的品牌、竞争对手或行业的次数。而且，市场营销部门内部的分工也会发生改变，传统广告（印刷品、电视 / 广播等）将变得过时，首席数字官（Chief Digital Officer，CDO）将取代首席营销官。他将负责从社交媒体、网站、电子邮件营销到数字广告的一切业务。未来十年，市场营销人员应关注分析数据和人工智能编程，以完成社交媒体社群管理者需要完成的工作。此外，营销部门还将雇用企业内部的故事讲述者和内容创作者。

随着企业开始让员工成为企业的形象代言人，可以预料的是首席数字官将会在大多数企业里掌舵，成为公众人物，并发展为实际上的首席媒体官。

打造自己的网红

如今，肖蒂奖（Shorty Awards）[①] 已经成为社交媒体网红版

① 肖蒂奖也称为“Shortys”，是一项年度奖项，旨在表彰在 Twitter、Facebook、YouTube、Instagram、TikTok、Twitch 和其他社交网络上制作实时简短内容的个人和组织。这个奖项始于 2008 年，到 2020 年已经举行了 12 届。该奖项不是针对某个作品，而是创作者在全年的作品集。——译者注

的格莱美奖和奥斯卡奖。而同时，影响力营销将继续发展，这将迫使企业重新思考雇用创意和营销人才时要考虑的特质。最终，大品牌将开始直接从 Snapchat 和 Facebook 公开的首选创作者名单中挖人，并雇用他们成为全职创意总监或者首席互动官，以使企业的营销内容具有趣味性和创造性。另外，Adobe 已与 60 多名 B2B 领域的思想领袖和网红建立了深厚的合作关系。这些人作为其 #AdobeInsiders（# 打入 Adobe 内部）计划的一部分，代表该企业，在行业会议上以记者的身份出现。# 打入 Adobe 内部计划是其
216 他公司效仿的卓越典范，显示出品牌方关注的内容的深度和广度。品牌方可以通过招募不同年龄、种族和性别的网红来促进自身发展。

说到网红和网红营销，Facebook 和 YouTube 最终会开始培养自己平台内部的人才，说不定他们已经这么做了，然后将他们直接“租”给品牌方，而不是让中间人成为日常内容的创作者或者网红营销机构。

利用人工智能机器人进行对话式营销

预测未来是一项有趣的工作。在未来十年，我们很可能会看到完全自主的自动驾驶汽车、下一代植入式显示器、有可能取代货币的加密货币、千禧一代登上美国总统宝座、利用 3D 技术打印房子和饭菜、服装业的互联网化以及人工智能任企业的首席执行官。随着人工智能和机器人的兴起，社交媒体的一个主要趋势就是对话式营销。

通过使用程序化的人工智能和机器人，营销人员将能够与顾客进行从订单开始到结束始终在线的实时对话。想象一下，你不需要给自己写一封提醒信，提醒自己跟进客户情况，也不需要发

送精心制作的 LinkedIn 站内邮件。每当顾客有疑问，他们可以写信给你的人工智能，并且马上会收到一个完美的答复。一旦像 IBM 这样的公司收购 Twitter，该公司将拥有近二十年的宝贵的对话数据点，用于机器学习，以识别销售机会，并且人工智能可以在顾客还没有开启对话之前就开始与顾客进行对话。

结束语

一直以来，我们都是以客户为中心，而不是以技术为中心，
未来也将如此。企业失败的主要原因并不是它们没有最先入驻 217
Facebook，也不是它们不能快速适应技术的进步，而是它们不能在客户流失之前满足客户的需求。

不管你身处哪个行业，推销哪种产品，我们都需要和人打交道。每个人都从其他人那里购买产品或服务，并信任对方。科技能让每一个线上企业比竞争对手更快地找到潜在客户，速度不仅比原来一成不变的老方法更快，而且更有效。

所以最简单的保持企业长青、免受未来冲击的方法就是：与顾客同在。一切关乎体验。企业与顾客之间的关系应该是独一无二的。建立忠诚度并把顾客变成品牌拥护者不可能大规模进行，而是循序渐进的，也许发生在深夜，企业私信回复一个怒气冲冲的顾客时，也许发生在周末，当你的员工已经回家休息，而你的顾客正在你的其中一家店里挑选货品时。

在一个永远在线的、由人工智能主导的世界里，最后一个真正的独立的疆域是我们的思想。就像约会一样，如果你可以让另一个人相信他们被倾听、他们是有价值的，他们就会反过来把你介绍给朋友，那么你就赢了。我们总需要感觉被需要、被欣赏和与他人建立联系。这根本不涉及市场营销，而涉及心理学。

虽然我们已知的营销方式已经终结，但是销售以及增加收入的需求永远不会消失。如果说现金流是一个企业的生命线，那么通过社交媒体让顾客参与企业营销就是企业的氧气。

最后，所有的社交媒体其实都是渠道媒体，你应该明智地使用它们。无论在什么媒体上，你都拥有自己的品牌，但关键是要拥有你自己的数据。记住，你所在的网络是一颗滴答作响的定时
218 炸弹，随时可能在你毫无预感的情况下爆炸。

致　谢

首先，荣耀归于上帝，我经历的不同境遇使我成为今天的我。我全心全意地相信，我们都是所处环境的“副产品”，环境包括我们一路遇到的人和事。虽然我很感谢职业生涯中遇到的导师们，他们都在我成年后的关键时刻帮助和指导过我，但我的父母一直支持着我。

感谢我的母亲米莉 · 吉尔（Millie Gil），在 2008 年 11 月的一个决定性的日子，她促使我首次深入地研究领英（LinkedIn）。我常常在想，如果我没有听从她的建议，现在会在哪里，会成为什么样的人。“妈妈最懂你”，这句话说得没错。我还要感谢父亲卡洛斯 ·J· 吉尔，他给了我四条建议，值得读者谨记在心：1. 最深的恐惧源自我们自己；2. 不断学习新知识；3. 永远不要在家庭之外讨论金钱、宗教或政治话题；4. 宁为鸡头，莫做凤尾。感谢我的父亲，他总是如此睿智。

最后，我要感谢 Chris Cudmore、Lachean Humphreys 以及 Kogan Page[①] 的全体成员，感谢他们的帮助和信任，让本书成功

① Kogan Page 是一家成立于 1967 年的独立出版公司，总部在伦敦，并在纽约和新德里设有分支机构。该出版公司专营商业书籍和数字内容，在关键主题领域出版了 1000 多种图书。——译者注

付梓。我一直想写一本书，我的目标实现了。从今以后的旅程都是额外的奖励。谢谢你们。

参考资料

第一章

Avionos (2018) Avionos releases new data revealing how consumer expectations are driving retail strategies, 23 April [Online] https://www.avionos.com/avionos-releases-new-data-revealing-howconsumer-expectations-are-driving-retail-strategies/ (archived at https://perma.cc/ZTR5-CCMP) [accessed 24 April 2019].

Internet World Stats (2019) World internet users and 2019 population stats, March 2019 [Online] https://www.internetworldstats.com/stats. htm (archived at https://perma.cc/X6Y5-EYYU) [accessed 24 April 2019].

The Fortnite Team (2018) Announcing 2018–2019 Fortnite competitive season, Epic Games, 12 June [Online] https://www.epicgames.com/ fortnite/en-US/news/announcing-2018-2019-fortnite-competitive-season (archived at https://perma.cc/RRT5-LJ6R) [accessed 24 April 2019].

Trackalytics (2019) The most followed Instagram profiles, 24 April [Online] https://www.trackalytics.com/the-most-followedinstagramprofiles/page/1/ (archived at https://perma.cc/93J8-6FTD) [accessed 24 April 2019].

第二章

Express Wi-Fi by Facebook (2019) [Online] https://expresswifi.fb.com/ (archived at https://perma.cc/SQN4-EAKX) [accessed 24 April 2019].

Facebook (2019) Stats, 31 March [Online] https://newsroom.fb.com/company-info/ (archived at https://perma.cc/S5K9-2ZMP) [accessed: 24 April 2019].

Internet World Stats (2019) World internet users and 2019 population stats, March 2019 [Online] https://www.internetworldstats.com/stats.htm (archived at https://perma.cc/X6Y5-EYYU) [accessed 24 April 2019].

Zuckerberg, M (2017) Bringing the world closer together [Blog] Facebook, 22 June [Online] https://www.facebook.com/notes/mark-zuckerberg/bringing-the-world-closer-together/10154944663901634/ (archived at https://perma.cc/TQ6J-C9XP)[accessed 24 April 2019].

第三章

Giphy (2019) Giphy search using @Taco Bell [Giphy] 4 May [Online]https://giphy.com/tacobell (archived at https://perma.cc/GT6G-62A7) [accessed 4 May 2019].

Taco Bell (2015) #TacoEmojiEngine [Giphy] 10 November [Online] https://giphy.com/gifs/tacobell-taco-tacos-bell-l0NwO6KZuSnJljsQw(archived at https://perma.cc/SP7Q-DVVJ)

[accessed 4 May 2019].

Vaynerchuk, G (nd) Gary Vaynerchuk's story [Online] https://www.garyvaynerchuk.com/biography/ (archived at https://perma.cc/AZ92-39KV) [accessed 24 April 2019].

第四章

Facebook (2019a) Stats, 31 March [Online] https://newsroom.fb.com/company-info/ (archived at https://perma.cc/S5K9-2ZMP) [accessed 24 April 2019].

Facebook (2019b) Facebook reports first quarter 2019 results, April 24[Online] https://investor.fb.com/investor-news/press-release details/2019/Facebook-Reports-First-Quarter-2019-Results/default.aspx (archived at https://perma.cc/P6C7-B9AT) [accessed 24 April 2019].

Instagram (nd) Instagram Statistics [Online] https://instagram-press.com/our-story/ (archived at https://perma.cc/M4NK-ZVZM) [accessed 24 April 2019].

第五章

Gil, C (2015) How I found a job in an Uber, YouTube, 29 January [Online] https://youtu.be/Oo3awOupx-U (archived at https://perma. cc/R7LM-E7FY) [accessed 4 May 2019].

第七章

Runcie, D (2017) Snap's IPO made its employees millionaires – why not DJ Khaled? *Wired*, 8 February [Online] https://www.

wired. com/2017/03/snap-ipo-dj-khaled/ (archived at https://perma.cc/3C2XK3R3) [accessed 24 April 2019].

第八章

Gibson, K (2018) Colin Kaepernick is Nike's $6 billion man, *CBS News*, 21 September [Online] https://www.cbsnews.com/news/colin-kaepernicknike-6-billion-man/ (archived at https://perma.cc/MMT6-7AJM) [accessed 24 April 2019].

Parry, S (2017) Employee advocacy – the modern day BBQ sell? [Blog] MSL Group, 19 April [Online] https://www.mslgroup.co.uk/latest/2017/employee-advocacy-the-modern-day-bbq-sell/ (archived at https://perma.cc/6BPC-7YA6) [accessed 24 April 2019].

Stopera, D and Stopera M (2019) 25 things Starbucks employees will never tell you, *Buzzfeed*, 11 April [Online] https://www.buzzfeed.com/mjs538/starbucks-tips (archived at https://perma.cc/LR7K-EGHS) [accessed 29 April 2019].

第九章

Internet Live Stats (2019) Google search statistics, 8 May [Online] https://www.internetlivestats.com/google-search-statistics/ (archived at https://perma.cc/3ZDF-CGNC) [accessed 8 May 2019].

Marr, B (2019) How much data do we create every day? The mind blowing stats everyone should read [Online] https://www.bernardmarr.com/default.asp?contentID=1438 (archived at https://perma.cc/6BF3-U7DP) [accessed 8 May 2019].

第十章

Feldman, S (2019) Where online content creators make money, 21 February [Online] https://www.statista.com/chart/17114/online-content-creation-earnings/ (archived at https://perma.cc/3GXL-3WFZ) [accessed 8 May 2019].

第十二章

Dreyfuss, E (2019) Facebook changes its ad tech to stop discrimination, *Wired,* 19 March [Online] https://www.wired.com/story/facebook-advertising-discrimination-settlement/ (archived at https://perma.cc/Z6CT-KY2U) [accessed 13 May 2019].

Feldman, S (2019) Where online content creators make money, *Statista*,21 February [Online] https://www.statista.com/chart/17114/online-content-creation-earnings/ (archived at https://perma.cc/3GXL-3WFZ)[accessed 13 May 2019].

Molla, R (2017) How Apple's iPhone changed the world: 10 years in 10 charts, *Recode*, 26 June [Online] https://www.vox.com/2017/6/26/15821652/iphone-apple-10-year-anniversary-launch-mobile-stats-smart-phone steve-jobs (archived at https://perma.cc/BV46-26YE) [accessed 13 May 2019].

Statista (2019) Number of people in the United States in 2011 and 2030, by generation (in millions) [Online] https://www.statista.com/statistics/281697/us-population-by-generation/ (archived at https://perma.cc/K4RU-KTDM) [accessed 13 May 2019].

Twitch (2019) Twitch audience [Online] https://twitchadvertising.tv/audience/ (archived at https://perma.cc/M2PH-GMWZ) [accessed

13 May 2019].

World Economic Forum (2015) Deep shift technology: Tripping points and social impact, survey report, September [Online] http://www3. weforum.org/docs/WEF_GAC15_Technological_Tipping_Points_ report_2015.pdf (archived at https://perma.cc/2ZQW-NLWP) [accessed 21 June 2019].

索 引

（索引页码为原著页码，即本书边码）

图书在版编目（CIP）数据

营销的终结：社交媒体与人工智能时代的品牌人性化 /（英）卡洛斯 · 吉尔（Carlos Gil）著；梁若乔译 . -- 北京：社会科学文献出版社，2021.5

（思想会）

书名原文：The End of Marketing：Humanizing Your Brand in the Age of Social Media and AI

ISBN 978-7-5201-6943-1

Ⅰ. ①营… Ⅱ. ①卡… ②梁… Ⅲ. ①网络营销 - 研究 Ⅳ. ①F713.365.2

中国版本图书馆CIP数据核字（2020）第133579号

· 思想会 ·

营销的终结：社交媒体与人工智能时代的品牌人性化

著　　者 /［英］卡洛斯 · 吉尔（Carlos Gil）
译　　者 / 梁若乔

出 版 人 / 王利民
责任编辑 / 吕　剑

出　　版 / 社会科学文献出版社 · 当代世界出版分社（010）59367004
地址：北京市北三环中路甲29号院华龙大厦　邮编：100029
网址：www.ssap.com.cn
发　　行 / 市场营销中心（010）59367081　59367083
印　　装 / 北京盛通印刷股份有限公司

规　　格 / 开　本：880mm×1230mm　1/32
印　张：8　字　数：195千字
版　　次 / 2021年5月第1版　2021年5月第1次印刷
书　　号 / ISBN 978-7-5201-6943-1
著作权合同登记号 / 图字01-2020-5548号
定　　价 / 58.80元